カバー写真‥大本山總持寺の修行の場でもある
百間《ひゃっけん》廊下に立つ著者。
カバー袖写真‥坐禅堂にて。警策《きょうさく》を手にして。

運を活《い》きる

「一息《ひといき》の禅」が心を調《ととの》える

大童法慧
曹洞宗大本山總持寺参禅講師

さくら舎

はじめに

私は、神奈川県横浜市鶴見区にある曹洞宗大本山總持寺《そうとうしゅうだいほんざんそうじじ》で、参禅《さんぜん》講師兼布教師を務めております。

大本山總持寺では、若い僧侶《そうりょ》たちが懸命に修行しております。彼らは毎朝四時に起き、暁天坐禅《きょうてんざぜん》、朝のおつとめ（勤行《ごんぎょう》）をおこない、坐禅をしたまま応量器《おうりょうき》を用いてお粥《かゆ》をいただきます。そして作務《さむ》、百間廊下《ひゃっけんろうか》と呼ばれるとても長い廊下の雑巾《ぞうきん》がけをし、境内《けいだい》を掃きます。

修行僧たちによって懸命にふかれた廊下は、ぴかぴかに光り輝いています。大本山總持寺を訪れた方々は、姿が映るほどに磨きこまれた廊下に感嘆《かんたん》されます。

実は、彼らはただ掃除をしているのではありません。自らにある美しい心を現しているのです。

自らにある美しい心、それを仏性《ぶっしょう》といっても、菩提心《ぼだいしん》といってもよいでしょう。

彼らは、ひたすら雑巾がけをおこなうことによって、「つらいな、嫌だな、逃げたいな」と思う心をふき去り、自らにある美しい心に気づくのです。その歩みを深めるなかで、廊下と自分のへだてがなくなり、ひとつながりの世界が現れます。廊下という対象をふくのではなく、自分自身をふく世界。

境内の掃除は竹箒《たけぼうき》でおこないます。しかし、箒を使うのではありません。彼ら自身が箒になりきっておこなうのです。箒を自分の身体だと思って、箒を使おうとするのではなく自分が箒になって動く。そこに、美しい心が現れるのです。

いま私は、總持寺で参禅寮《さんぜんりょう》という部署を預かっています。参禅寮とは、一般の方に坐禅をお伝えする部署です。ここには、年間六千人ほどが坐禅に来られます。

企業の研修会や学校の部活といった団体での参拝もあれば、個人を対象にした一泊二日の坐禅会「禅の一夜」もあります。とてもありがたいことに、九州や北海道からも参加される方がいます。

参禅者の経験や動機はさまざまですが、私は、坐禅のはじまりに二つのことをお伝えしております。

はじめに、後ろ頭で天を衝《つ》くようなつもりで、できるだけ身体を真《ま》っ直《す》ぐにしましょう。なぜならば、身体を真っ直ぐにすれば、おのずから深い呼吸ができ、それに応じて、心が調《ととの》うからです。

次に、心に浮かんできたことを、「相手にしないでください、邪魔にもしないでくださ い。追いかけない、ひきずらない、つかまない、持たない」と伝えます。

なぜならば、坐禅は頭で考えて心を調えるのではないからです。身体でもって心を調えるのが坐禅です。

あなたが坐《すわ》っている姿。

そのまったく同じ姿でもって、お釈迦《しゃか》さまはお悟《さと》りになりました。
また、大本山永平寺《えいへいじ》をお開きになった道元禅師《どうげんぜんじ》さま、大本山總持寺をお開きになった瑩《けい》山《ざん》禅師さまも、そのまったく同じ姿で、一息一息を懸命になされたのです。
だから私たちも、身体を真っ直ぐにして、一息一息をていねいにおこなう。
私自身も坐禅との出会いで救われ、僧侶としての道を歩むことになりました。

私たちには、美しい心があります。それを信じ、気づき、現していく世界。それは、へだてのない、ひとつながりのいのちの世界であります。

この本との出会いが、あなたの美しい心に響くものとなることを念じております。

大童法慧《だいどうほうえ》

はじめに　3

序章　人生に偶然はない

第一章　「いま、ここ」を生きる命

第二章　悲しみを受け止める

第三章　やわらかな心を育てる

運を活《い》きる——「一息《ひといき》の禅」が心を調《ととの》える

序章　人生に偶然はない

世界でいちばん偉い人

五歳になる姪《めい》の恵利《えり》にこんな質問をされました。

「世界でいちばん偉い人って誰だと思う？」

きっと、保育園の先生にそんな質問をされたのでしょう。

あなたはどう答えますか？　この世でいちばん偉い人は、誰だと思いますか？

政治家や弁護士、そして、お医者さん。そんなふうに、ステータスとされる職業に就いている方を偉いと思うかもしれません。けれども、その職業や地位が偉いのか？　その人自身が偉いのか？

そんな地位や肩書よりも、もっと端的に、財をなした人が偉いのだと答えるかもしれない。お金のあるなしだけで、人生の勝ち負けが決まってしまう、そんな時代でもあります。

たしかに、お金は大切だけれども、お金を持ったことが偉いのか、その人が偉いのか……。

私は、姪に問いかけました。

「恵利ちゃんは、誰だと思う？」

パパやママと答えるかなと考えましたが、もし「ほうえちゃん」、つまり私の名前を言ったならば、おもちゃでも買ってあげようと思っていました。

しかし、意外にも彼女の答えは、なんと「アンパンマン！」でした。

予想外の答えに驚き、熱があるのかと、彼女の額《ひたい》に手をやりながら、「なんで、アンパンマンなの？」と尋ねました。

するとこう答えたのです。

「だってね、アンパンマンって、すごくやさしいのよ。おなかのすいた人には、自分の顔を食べさせちゃうんだよ。それに、悪いことをするばいきんまんをやっつけて、とっても強いし。だから、世界でいちばん偉いなって思うの」

正直に申し上げて、私は、アンパンマンを子どものマンガとしか思っていませんでした。が、この世でいちばん偉いのは「アンパンマン」と答える彼女の姿を見て、何か根拠があるのだろうと思って調べてみました。

『アンパンマン』の作者、やなせたかしさんは、ご自身の生い立ちや戦争の体験をもとに、「ほんとうの正義とは何か」という思いをこめてアンパンマンを描いたのだと知りました。

わが身を捨てる、わが身を献じる心なくして正義はおこなわれないという彼の信条から、アンパンでできた顔が欠けたり濡《ぬ》れたりすると、その力を失う弱点がありながらも、溺《おぼ》れそうな人を見れば、ためらわずに水に飛び込み、ひもじい思いをしている人を見れば、自らの顔をちぎり食べさせることによって、人を救うのです。

たしかに、とても素敵な話です。

けれども、そんなことができるのは、アンパンマンが再生可能な顔を持つからであって、「マンガの話であって、現実にはありえないよ」と言いたくもなります。

しかし、思うのです。人生の生き方を、歩み方を決めた者にとっては、大切なのは結果ではなくて歩みそのものだ、と。だから、その歩みを貫かないではいられないし、またとえ、志《こころざし》なかばで倒れたとしても、悔《く》いるものはない。

だから、私たちもアンパンマンになることもできるのだ、と。

五歳の彼女がアンパンマンを偉いと感じたのも、やなせさんの思いに響いたからでしょう。

何のために生きるのか

やなせさんは、アンパンマンを通して、何のために生まれて、何のために生きるのかを問いつづけています。

あなたは何のために生まれて、何のために生きていますか？

お釈迦《しゃか》さまは、このようにおっしゃっています。

生まれによって賤《いや》しい人となるのではない、
生まれによって尊いものとなるのでもない。
行為によって賤しい人ともなり、行為によって尊いものともなる。

『ヴァーセッタ経』


行いとは、私たちの一挙手一投足のことです。

その一挙手一投足に、やなせさんの言葉を借りれば、何のために生まれて、何のために生きるのかが現れている。

地位や名誉や、お金があるかないかは、結果です。たしかに、結果とはひとつの正解です。けれども、その結果のみを見るのではなく、生き方を問う視点を忘れてはならないと思うのです。

以前、ある経営コンサルタントの方と、お会いするご縁がありました。名刺を交換した直後、いきなり彼が言いました。

「この事務所の金庫には、三億円があります。これをあなたに差し上げると申し出たら、どのようにお使いになりますか？」

二十歳のころ、私は大切な方と別れました。それが契機になり、禅の世界にひかれていきました。はじめて訪れたお寺に、坐禅堂がありました。そのお寺のご住職は、共に坐《すわ》ることを許してくださいました。そのご縁が育って、私は頭を剃《そ》りました。

あのころの私と同じ人のためにも、坐禅堂をつくり、共に坐る場をつくりたいというのが、私の願いです。

ですから、「三億円いただけるのなら、坐禅堂を建てます」と答えました。

結局、三億円はいただけませんでしたが、いや、いただきませんでしたが、彼は笑いながら言いました。

「この質問を経営者の方々にしますが、多くの方が貯金をする、と答えます。貯金をして、しばらく使い道を考えます、と。慎重になるのは結構ですが、でもそれは、ちょっと違うなと思うのです。いまを誠実に生きていれば、三億の使い道は即答できるはずです」

あなたにも、考えてほしい。貯金をするのか、それとも……。
あなたは何のために生きているのですか?

出会いは必然

友人に誘われて、『ライオンキング』という芝居を観に行きました。劇場のある浜松町駅まで鶴見駅からJRで一本ですから、私は少し時間に余裕をもって出かけました。

鶴見駅の改札で、突然「法慧《ほうえ》さん、法慧さん」と呼びかけられました。声のするほうに目をやりますと、そこには、作務衣《さむえ》姿で、ひげを生やした外国のお坊さんが立っておりました。「誰だろう」と考えながら見る私に、そのお坊さんは、確かめるように「法慧さん?」と聞いてきました。

その瞬間、私は思わず「ああ」と、大きな声をあげていました。

そのお坊さんは、二十年ほど前に、福井県小浜《おばま》市の仏国寺《ぶっこくじ》で四年間、共に修行をした仲間、私の先輩だったのです。

彼は、南米のチリの出身です。もともとはプロのカメラマンで、仏像を求めて若狭《わかさ》地方を旅していました。仏国寺の仏像を写真に収めた際、坐禅をはじめて体験し、住職の原田《はらだ》湛玄《たんげん》老師のお人柄にひかれ、真実なるものがあると感じたのでしょう。カメラマンという道を捨て、出家をしたのでした。

以来十数年間、彼は、言葉のままならぬ異国の地で修行をし、いまは母国のチリに戻り、小さな坐禅道場を開いて、ご縁のある方々に坐禅を指導しているとのことでした。

私はとても驚きました。彼とは仏国寺以来、まったくの音信不通でしたから、よく私のことがわかったものだ、と。というのも、共に修行していたころの私は、ずいぶんと痩《や》せておりました。いまは当時よりも十キロ以上も太り、ずいぶん変わってしまった私を、よく見つけたものです。

私は、彼との再会に感謝しながら、あらためて、こんなことを思ったのです。

会うべくして会う世界があるのだ、と。出会いというものは、お互いにとって、必要なときに、会えるものなのだ、と。

私事を申し上げて恐縮ですが、大本山總持寺での職には任期があり、本山を辞した後は、海外の方を含めた坐禅会を中心に展開していこうと考えておりました。そういうときに、彼と出会えた。

彼もまた、チリで坐禅を布教していくうえで、どうしても日本人の僧侶《そうりょ》という仲間がほしかったというのです。私たちはお互いのメールアドレスを交換し、いま、情報を共有しております。

出会いを考えるとき、偶然、たまたま起こったもののように受け止めていないでしょうか。しかし、思いをめぐらせば、出会いは必然なのだ、起こるべくして起きたのだということができるはずです。

もし私が『ライオンキング』を観に行かなければ、その日、鶴見駅に行くこともなかったし、おそらく彼とは会えなかったでしょう。駅に行った時間が、かりに一分早くても、また一分遅くても、彼とは会えなかったでしょう。

お互いに、多くの条件が積み重なって、今日を迎え、会うべくして出会えた。だからこそ「いま、ここ」を大切にしたいと思うのです。

受け止める

昨今は、人間関係の問題で悩む人が多くなりました。その問題の根源のひとつは、出会いの受け止め方にあると思うのです。つまり、出会いを偶然だと受け止めるのか、必然だと受け止めるのか。

もしかしたら、せっかくの出会いを偶然と受け止め、自分の「好き、嫌い」という基準だけで、相手を判断してしまってはいないだろうか。

でもそれでは、人と人とがほんとうに出会うことができないと思うのです。本来は、いちばん近しいはずの親子や夫婦の間でさえも、出会えていないのかもしれない。

だからこそ、出会いに偶然というものはないと覚悟する姿勢を持つことが、とても大切なのです。両親からの誕生はもちろん、さまざまな人との出会いは、必然だったと受け止めることによって、私たちは、自らの人生を肯定することもできるし、これからの歩みをより深く、より豊かなものへと展開していくこともできるはずです。

まず、出会い、すなわちご縁を必然だと受け止めること。いや、もっとはっきり申し上げれば、「人生に偶然などない」と覚悟した姿勢を持つこと。実はこの点が、仏教の出発点だと思うのです。

逃げない覚悟

『ライオンキング』のストーリーをお話ししてはルール違反ですから、ここでは控えますが、そのなかで、とても素敵な言葉と出会いました。

人間は、二通りの生き方しかない。
ひとつは、自分のつらい過去から逃げる生き方。
そして、もうひとつは、その過去に学ぶ生き方だ。

これを聞いたとき、なるほどなと思ったのです。もっとわが身に引き寄せていうのであれば、過去ではなく、現在、つまりご縁と置き換えてもいい。

人間は、二通りの生き方しかない。
ひとつは、自分のご縁から逃げる生き方。
そして、もうひとつは、このご縁に学ぶ生き方だ、と。

苦しいことやつらいこと、思いどおりにいかない現実に出会うと、つい誰かを恨《うら》んでみたり、人のせいにしてごまかしたりしてしまう。
でも、そんなとき、逃げ切ることができたでしょうか。逃げ場所なんて、どこにもなかったことを、あなたもすでにご存じでしょう。

坐禅をはじめるとき、坐禅中に何が起きても何も起きなくても、その思いを相手にしないでください、邪魔にもしないでくださいとお伝えしています。

といわれても……実際は、足が痛かったり、腰がつらかったり、また、抱えている問題が頭から離れないで、ついそのことばかりを追ってしまう自分がいるかもしれません。

そんな自分がまた嫌で、「坐禅は難しい」とか「自分にはできない」と思う人もいるでしょう。

でも、大丈夫です。それでいいのです。ただ、それだけで終わってはもったいない。

どうか、気づいてほしいのです。

手を組み、足を組むその四十分間、あなたには、どこにも逃げ場はない。

足が痛かろうが、腰がつらかろうが、抱えている問題がどんなに切実であったとしても、それは、いま、あなた自身が受け止めなければならないのです。

かつて大本山總持寺で修行していた修行僧が、法話発表会でこのような気づきを申しました。

私は、参禅寮でなすべき公務、たとえば坐禅指導であったり、法座の司会であったり、参禅者へのお世話をする心配りなどが至らない自分が嫌で嫌でたまりませんでした。ここから逃げてしまえば楽になれる、逃げたい、逃げたいと、それればかり考えていました。しかし、ここから逃げたら自分の居場所がなくなることもわかっていました。

この身体は自分だけのものではありません。師匠や母親、祖母、姉、そして、支えてくれているお檀家《だんか》さまの思いや期待が詰まった身体です。その期待はこんなところで裏切っていいほど軽くはないんだと、逃げたい自分に何度も言い聞かせました。

そんな日々を過ごしていたある日、私の胸にしまっていた思い、修行に来る際に、家族やお檀家さまの温かさが気づかせてくれた、私を支えてくれているという感謝の気持ちが覚悟に変わりました。

「絶対にここから逃げない」という覚悟です。いまいるこの場所から逃げないことが、家族やお檀家さまの気持ちに報《むく》いることだと思いました。

どんなに注意されても、自分が嫌いになっても、自分から逃げない。どんなことがあっても、この場所に足を着けて踏んばりつづけようと、私は心に決めました。

覚悟が決まると、不思議と心が落ち着き、物事に冷静に、そして前向きになれる自分がいました。懸命に修行するなかで、不思議なことに苦しかった日々が、楽しくなってきたのです。

彼の気づき、それは、私たちもまったく同じです。

私たちには、どこにも逃げ場はないと覚悟することによって、つらく逃げ出したい状況にあったとしても、それを喜びに変えることができる。

たとえ挫《くじ》けそうになっても、たとえ逃げ出したくなっても、もう終わりだと呻《うめ》き声をあげるような事態になったとしても、どこにも逃げ場はないという覚悟とご縁に学ぶ生き方が、私たちを必ずや真実なるものに導いてくれるのです。

だからこそ、私たちはご縁から逃げるのではなく、ご縁に学ぶ生き方を選びたいのです。

出来事を自らの糧《かて》にする

ご縁に学ぶ生き方をするにあたって大切なことは、私たちはどこまでも成長していける存在である、と自らの根底において確信することです。

河島英五《かわしまえいご》さんの『生きてりゃいいさ』という歌に、「喜びも悲しみも 立ちどまりはしない」という言葉がありますが、私たちの命は無常であります。

無常とは移り変わっている命であり、移り変わっていける命。だから、成長できる。

たとえ、年齢を重ね、自分の身体が思うように動かなくなっても、自分が自分であることをわからなくなったとしても、それもまた、自らを深めていく成長なのだ、学びなのだと受け止めたいのです。

あなたのご縁は、あなたが苦しむために現れたのではない。あなたを磨くため、あなたをあなたならしめるために、真実なるものに気づくために、その出来事が起こったと受け止めていく。

道元禅師さまは『典座教訓《てんぞきょうくん》』のなかで「縁を競うて、これを励ます」と示されております。思いどおりにならないご縁に出会ったとしても、そこから学んでいく。不条理な出来事に出会ったとしても、運が悪いと嘆《なげ》くのではなく、その運を活《い》かしていく。それを自分自身の力にしていく、糧《かて》にしていく。そんな生き方を、お互いにしたいのです。

大本山總持寺で参禅講師兼布教師という役をいただく前、私は、福島県の小さなお寺の副住職をしながら都市開教を志していた時期がありました。都市開教というのは、大都市で教えを広めていく活動です。

地方の小さなお寺にとって、お寺を維持していくのは、経済的にもなかなか難しいものです。ならば自分にできることから、と思い活動をはじめました。といっても、何をしていいのかわからない。

宗派によっては都市開教を支えるシステムもありますが、残念ながら曹洞宗にはありません。お寺を建てるのはたいへんなことです。でも、私には資金もなければ、コネもなかった。

ですから、お寺という建物を建てることを目指すのではなく、托鉢《たくはつ》をしたり、ブログ『僧侶的いま・ここ』を開設して現代の寺院のあり方や葬儀《そうぎ》について思うことや法話を発信することからはじめました。

迷いながらの第一歩でしたが、不思議なもので、誠意をもって動けば、自然とご縁がひろがっていきました。

そんなことをはじめて数年たったころでした。

福島のお寺の住職が大本山總持寺に行く用事があり、その折、面識のあった布教部長老師にご挨拶《あいさつ》に伺いました。

そこで、師匠《ししょう》が布教部長老師に「うちの副住職は変わっておりまして……」と、私の現状をお話ししたら、「変わっている人間はおもしろい。ぜひ、会いに来るように伝えるように」と言われたそうなのです。

布教部長老師には、本山の布教師の方が辞めたばかりで補充をしなければならないし、また、坐禅について指導できる者がほしいという思いがあったそうです。

私は、役寮《やくりょう》（修行僧と起居《ききょ》を共にしながら指導する人）になろうとは思ってもいませんでした。しかし会うだけでよいと師匠にいわれ、布教部長老師にお会いしました。その際、ブログに掲載した法話をいくつかプリントアウトして、お渡しして申しました。

「私はこのような法話しか書けませんが、これでよければ、お声をかけてください」

数日後、電話がありました。ご縁がつながったのです。

後日聞かされたのですが、実は、私以外にも数人に、布教部長老師は同じ話をしていたそうです。

すると、ある方は「副住職という立場なので、住職の資格をとってから」とか、ある方は「いまある仕事を片付けてから」とか、「私にはその力があるかどうかわからないから、もう少し考えさせてください」と、先延ばしにしていたというのです。

そこに、私がパッと決まってしまった。なぜならば、布教部長老師に「お前の力を貸してくれ」と言われたとき、「はい」と即答したからでした。

私も副住職という立場だったし、都市開教のことや家族のことなど整理しなければならないこともありました。それに私は、曹洞宗のもうひとつの大本山、福井県にある永平寺《えいへいじ》で修行をしたものですから、大本山總持寺のことはまったくわからないし、参禅講師や布教師が務まるのかという不安も大きかった。

しかし、大きな決断をすれば、それにともなう問題は、自然と調《ととの》っていくものだということを知っておりました。また、現れたご縁に学んでいくという気持ちが、その状況や不安に対してひとつひとつ答えを与えてくれたのです。だからこそ、ご縁をいただいたことを自信にしていくことができたと思うのです。

おおきな木

ご縁に学ぶことを深めるにあたり、シェル・シルヴァスタイン著の『おおきな木』という絵本を紹介しましょう。ほんだきんいちろうさん訳と村上春樹《むらかみはるき》さん訳のものがありますが、ぜひ一度は手にとっていただきたい本です。

この本に登場するのは、男の子一人と、りんごの木一本のみです。

男の子は毎日、木と遊びます。枝でぶらんこをしたり、りんごを食べたり、木陰で眠ったり。男の子は木が大好きで、木も男の子が大好きでした。

でも時がたつにつれ、男の子の足は、木から遠のいていくのです。

しばらくたったある日、姿をみせた男の子は買い物をするためのお金がほしい、と木に告げます。木はりんごを売ってお金をつくるように勧め、男の子はりんごをすべて持っていきます。

やがて壮年になった男の子が来ます。家がほしいと告げる彼に、自分の枝で家を造ればよいと答え、枝をすべてあげました。

そして、中年になった彼が「遠くへ行くために船がほしい」と申し出たとき、自分の幹で造ればよいと応じました。男の子は幹を切り倒して、船を造りました。

ついに老人になった男の子が来たとき、木は告げるのです。「残念だけど、あげるものは何もない」と。

でも、男の子がほしいものは、座って休む場所でした。そこで、木は切り株だけになった自分の上で休むようにと勧め、男の子は腰をかけました。

それらすべての場面において、こう添えられています。

「木はうれしかった」

この物語では、男の子の生き方とおおきな木の生き方が対比されています。いろんな受け止め方のできる本ですが、もしかしたら、男の子の生き方はあなた自身であり、おおきな木の生き方はご両親だと思うかもしれません。

ときとして私たちは、自分一人で生まれ、自分の力のみで生きてきたような振る舞いをするものです。けれども、あなたのそばには、このようなおおきな木が何本もあったはずです。そして、いまも必ず、あなたのそばに、おおきな木が立っているのです。そのご縁に気づかなければならない。

もう少しこの本を深く読むならば、男の子の生き方は、「集める」「奪《うば》う」「受ける」生き方でした。そして、おおきな木の生き方は、「与える」「もたらす」「尽くす」生き方。この「与える」というのは、決して、ギブ・アンド・テイクのやりとりの世界ではありません。与え尽くした世界。

与えるといえば、こんな言葉をご存じでしょうか。
「受けるよりも与えるほうが幸いである」
これは、「使徒言行録《しとげんこうろく》」といって、『新約聖書』にある言葉のひとつです。

でも私は、「受けること」「与えること」どちらが幸せか、それを問いたいのではありません。

ただ、男の子のような生き方だけでなく、おおきな木のような生き方もあるということに気づくことができたならば、ご縁に学ぶ生き方を深めていけるとお伝えしたいのです。

その生き方が、結果として、全部与え尽くして手元に何もなくなったとしても、また、苦しくて、涙涸《か》れて呻き声をあげることになったとしても、ご縁に学ぶことによって、そのご縁が、あなたを真実なるものへと導いてくれます。

あなたに現れたすべてのご縁が、あなたの生きる力となり、あなたの希望となるはずです。

思いが正しくなる「一息《ひといき》の禅」

ご縁に学ぶ生き方を深めていく、ふたつの実践《じっせん》方法をお伝えします。

まずひとつめは、師といえる人を見つけることです。師と聞くと、大げさな感じを受けますが、こんな詩をご存じでしょうか。

その人　　　　相田《あいだ》みつを

その人の前にでると
絶対にうそが言えない
そういう人を持つといい

その人の顔を見ていると
絶対にごまかしが言えない
そういう人を持つといい

（中略）
人間にはあまりにも
うそやごまかしが多いから
一生に一人は

ごまかしのきかぬ人を持つがいい
一生に一人でいい
そういう人を持つといい

『にんげんだもの』（文化出版局刊）

どうでしょう。「その人」が、あなたの心の中にいたならば、こんなに力強いことはないでしょう。「その人」と出会うためには、出会いを必然だと受け止める態度がなければなりません。そこに、師を持てる謙虚《けんきょ》さが育ってきます。

道元禅師さまは、「正しい師を求めなさい」「正しい師を求める心を起こしなさい」とお示しです。それによって、必ずあなたの学びが深まり、真実なるものと出会うことができるのだ、と。

ふたつめは、やはり、坐禅です。
ほんとうは、坐禅をつづけてくださいと言いたいのですが、おそらくは困難でしょう。

毎日三十分から四十分の時間をとって、自分ひとりで坐禅をするのは難しいことです。

そこで、提案です。私が勝手に名づけているものですが、「一息《ひといき》の禅」を実践《じっせん》してほしいのです。これは、どこにいてもできます。何をしていてもできます。

「一息の禅」とは、坐禅と同じ要領で、まず身体を真《ま》っ直《す》ぐにします。後ろ頭で天を衝《つ》く。後ろ頭で天を衝くようにすれば、耳と肩が一直線となり、鼻とおへそが一直線となります。足は組まなくてもいいし、手も楽に置いてください。そうして、まず、鼻と口の両方を使って大きく息を吐《は》き出します。そして、口を閉じる。

すると、鼻から新しい息が入ってくるはずです。その息をおへその下あたりにグッと落とし、そこからゆっくりと吐き出す。これだけです。

この「一息の禅」をつづけてほしいのです。これならば、朝起きてパジャマのまま、ベッドに腰掛けてでもできるし、通勤や通学の電車の中、立ったままでもできる。食事のとき、会議のとき、試験のとき、上手《うま》くなれば、歩きながらでもできます。

この「一息の禅」によって、ご縁に学ぶ生き方が必ず育ってきます。思いが正しくなります。人生が本気になってくる。だから、邪悪《じゃあく》な誘惑に負けなくなります。

一呼吸の間に人生がある

「一息の禅」と聞いて、たった一息かと思わないでください。お釈迦さまにこんなエピソードがあります。

あるとき、お釈迦さまは弟子に問いました。

「人の命の長さはどのくらいだろうか？」

普通に考えれば、人の命の長さは、生まれてから死ぬまでの間だと思います。

しかし、お釈迦さまは違うといわれるのです。

すると、ある弟子が「一呼吸の間です」と答えました。

お釈迦さまはおっしゃいました。

「そうだ、まさにそのとおり」

人生八十年、九十年。あわよくば百年、といいますが、でも私たちが生きているところは、この一息のところであります。

昨日は生きられませんし、未来は、まだ来ていない。厳しいことをいえば、その未来は来ないかもしれない。つねに、私たちの命の長さは、この一呼吸の間です。

言葉を換えていうならば、「いま、ここ」です。

この「いま、ここ」をお釈迦さまがなさったように、身体を真っ直ぐにして心を調える生き方をするならば、次の「いま、ここ」、その次の「いま、ここ」と深めていけるでしょう。

だからこそ、「一息の禅」をつづけていただきたいのです。

このように「いま、ここ」が大切ですよとお話をすると、いまさえよければいいと受け止める方がいるようですが、刹那《せつな》的な話ではありません。

陶芸家の河井寛次郎《かわいかんじろう》さんの「手考足思」という詩の一節に、こんな言葉があります。

過去が咲いている今
未来の蕾《つぼみ》で一杯な今

現在私は四十二歳ですが、この「いま、ここ」であるためには、四十二年間のどのひとつを欠いても「いま、ここ」はありません。また、これから何年生きるのかはわかりませんが、未来の出発点はつねに「いま、ここ」であります。

「いま、ここ」をないがしろにするというのは、自らの過去を否定し、また、自らの未来を傷つけてしまうことなのです。

そう、「いま、ここ」にすべてがあるのです。
だから、「いま、ここ」が大切なのです。

第一章　「いま、ここ」を生きる命

生きていまあるは

たったひとりしかない自分を
たった一度しかない一生を
ほんとうに生かさなかったら
人間生まれてきたかいがないじゃないか

この言葉は、山本有三《やまもとゆうぞう》の小説『路傍《ろぼう》の石』にあります。

主人公の愛川吾一少年の過《あやま》ちを、担任の先生が諭《さと》した言葉です。


「人間生まれてきたかいがないじゃないか」

これを、丁寧に言い換えれば、この時代に、この国に、この父母のもとで、そして、この私として命を授かったこの人生。

何のために生まれてきたのか、何故《なにゆえ》に生きなければならないのか、また、何故に死ななければならないのか、つまり、「生まれてきてほんとうによかった」と言うことができるのか。そんな真剣な問いかけであります。

生まれてきてほんとうによかったと思えるものに気づく、出会うことを仏教では、「一《いち》大事《だいじ》」といいます。

曹洞宗《そうとうしゅう》でよまれるお経のひとつに『修証義《しゅしょうぎ》』があります。道元禅師《どうげんぜんじ》さまの書かれた『正《しょう》法眼蔵《ぼうげんぞう》』から抜粋されたもので、明治二十三年（一八九〇年）に編纂《へんさん》され、全五章から成り立ちます。

『修証義』の総序の第一節です。

生《しょう》を明《あき》らめ死を明らむるは、仏家《ぶっけ》一大事の因縁《いんねん》なり、生死《しょうじ》の中に仏あれば生死なし、但《ただ》生死即《すなわ》ち涅槃《ねはん》と心得て、生死として厭《いと》うべきもなく、涅槃として欣《ねご》うべきもなし、是時《このとき》初めて生死を離るる分《ぶん》あり、唯《ただ》一大事因縁と究尽《ぐうじん》すべし。

お気づきでしょう、このはじまりの数行のなかに、一大事という言葉が二度も使われております。

一大事と聞くと、なんだか緊急事態、重大問題が発生したかのように思われるかもしれません。生死や涅槃という言葉が何度も登場して、大変なことをいっているように聞こえるでしょう。

しかし、いま、ここに私が生きているということこそが、一大事ではないでしょうか。この時代に、この国に、この父母のもとで、そして、この私として命を授かった。私たちが生きている時は「いま」であり、私たちが生きている場所は「ここ」であります。

つまり、一大事とは、「いま、ここ」の心のありようだといえるでしょう。

いま、あなたは、どんな心持ちで生きていますか？

数年前、身震いをした出来事がありました。

春のお彼岸《ひがん》のころ、舌に違和感がありまして、耳鼻咽喉《いんこう》科に行きました。舌の横あたりに、白い小さな口内炎《こうないえん》みたいなものができていました。

診察後、先生は写真を指差しながら言いました。

「この腫瘍《しゅよう》、できた場所と色が悪いんだよね」

そして、しばしの沈黙の後、
「舌癌《ぜつがん》の可能性が高いと思います」

私自身、僧侶として悲しみの場に何度も立ち会ってきましたし、会えば別れる、生まれたら死ぬという道理は十分に知っておりました。

しかし、いざ、わが身に病や死を突きつけられて思ったことは、
「ああ、そうだったんだ、私は生老病死《しょうろうびょうし》の真っ只中を生きていたんだ。私は、いま、生老病死のど真ん中にいるのだ」という深い感動でした。

毎朝四時に起きて洗顔して、ヤクルトを飲んで坐禅と朝課《ちょうか》（朝の勤行《ごんぎょう》）、コーヒーをすすりながら新聞を読んで作務《さむ》をして……。日々の営《いとな》み、毎日の生活を、ともすればあたりまえのことと思い、それはずっと続くものだと思っていました。

しかし、そうじゃない。
この朝は二度とない朝であり、最期の朝であり、生まれてきてほんとうによかったと思えるものに気づく、出会うための朝であった。

仏教とは、仏陀《ぶっだ》の教えと書きます。仏陀、お釈迦《しゃか》さまと同じ、正しいものの見方をする歩みが仏教です。正しいものの見方をすれば、そこに正しき真理のはたらきが現れてきます。

世の中の仕組みや常識、からくりや嘘《うそ》にだまされない、真の自由な人となる歩み。つまり、お釈迦さまの生涯とその教えから、生きる勇気と智慧《ちえ》を学び、それを、自らの一大事としていく。

そして覚えておくべきことは、お釈迦さまが自分勝手に仏教をつくったのではなく、真実なるもののその言葉に、お釈迦さまが響かれた点であり、道元禅師さまや瑩山《けいざん》禅師さまが好き放題に禅を説《と》かれたのではなく、真実なるものの、そのありように応《こた》えられたことです。

だからこそ、私たちもまた、お釈迦さまや道元禅師さまや瑩山禅師さまが手を合わせた真実なるものを、拝《おが》む歩みをしなければいけないなと思うのです。

なぜなら、それが、私たちの「いま、ここ」の心のありようを豊かにし、ひいては、「生まれてきてほんとうによかった」と思えるものに気づく契機となるはずだからです。

原田《はらだ》湛玄《たんげん》老師が、つねに言われていました。

「生きていまあるは、このことにあわんがためなり」
「生きていまあるは、このことにあわんがためなり」

一大事は、決して遠くにあるのではない。「いま、ここ」にある。
生まれてきてほんとうによかった、と言える人生の歩みを共に進めてまいりましょう。

余命

その方が、家族四人で福島のお寺を訪ねてきたのは、五月のことでした。

境内《けいだい》の掃除をしていた私に、「このお寺は、曹洞宗ですよね？」と確かめるように話しかけてきました。

「少し、お話を聞いていただけませんか？」

泣き腫《は》らしたような眼にただならぬものを感じ、住職に取り次ぎました。

彼女は、四十代半ばの主婦。夫と小学生の娘二人との四人暮らし。穏やかな語り口でありながら、意志の強さをうかがわせる面《おも》持ちの女性でした。

与えられしものを静かに赦《ゆる》し、じっと見守ろうとするご主人。

子どもたち二人は、母の傍《かたわ》らから離れようとしませんでした。

実は私、昨年の八月に、癌だと診断されました……。余命一年だ、と。

はじめて、死ぬということを突きつけられて……。

「なぜ、なんで私が」という思いばかり募《つの》りました。

ネットや本を読みあさったり、人を訪ねていったり、とにかく焦《あせ》りました。

私には一年という時間しかないなんて……。

病気のこと、娘のこと、主人のこと、人生のこと、そして、私自身のこと。

私は、何もわかってませんでした。

昨晩のことなんです。

いろいろと集めたお経本を眺《なが》めているとき、『修証義』が目に留まりまして……。

ああ、これだったのかと。涙が止まらなくなったんです。

身震いしながら、朝まで何度も何度も読み返しました。

気がつけば、大きな声を出して読んでました。

このお経について、もっと知りたいと思ったんです。

それで今日、家族でお参りをかねて、曹洞宗のお寺さんに伺《うかが》ってみようと。

住職は幾度もうなずきながら、黙《だま》って聴いていました。そして、彼女の問いかけに応じながら、『修証義』を説いていました。

住職のそばで聞いていた私は、愧《は》じいっていました。

私は涙を流しながら、『修証義』を読んだことがあるだろうか。

私は咽《むせ》びながら、『修証義』をおし頂いたことがあるだろうか……。

別れ際、笑顔で手を合わす家族に、住職は「いつでも、どうぞ」と言い、以後、ふたたび入院するまでの二ヵ月の間、彼女は何度もお寺を訪れました。

そして、夏。

余命の宣告どおり彼女は……、亡くなりました。

医療の発達により、いまでは、余命○年、余命○ヵ月という言葉が市民権を得ています。しかし、余命という言葉を待つまでもなく、私たちの死亡率は、百パーセントです。老若男女、ひとしく百パーセント。今日の命さえも、絶対の保証はありません。

後先の順番はあるけれど……。
散る桜　残る桜も　散る桜
散る紅葉　残る紅葉も　散る紅葉

癌を宣告されなくとも、一面においては、余命であり与命であり、そして、預命です。余った命とするか、与えられた命と受け止めるか、預かった命と達観するか……。

私自身、舌癌という病と対峙《たいじ》して、余命を宣告されるまでには至りませんでした。腫瘍の除去ということで、ひとまず、治療を終えることになりました。

この身体にも癌は宿り、隙《すき》あらば巣食うことを学びました。

そして、余命とは、いま、ここにしかないことも。

いや、命は、いま、ここにしかないのであると。

ほんとうの幸せ

大学生のころ、私は、生花の卸《おろし》市場でアルバイトをしていました。

日・水・金曜日と週に三日、二十二時から翌朝の六時まで働いていました。

トラックの荷下ろしの手伝い、競《せ》りのために種類や等級別に仕分けることが仕事でした。

三千個から五千個の段ボールを、汗だくになりながら、二人のバイト仲間とさばいていました。

当時は、バブルの最盛期でした。

クリスマスに一本一万円のバラが売られていました。話題性もあり、洒落《しゃれ》っ気もあり、また、マスコミにも取り上げられ、多くの人が求めた時代です。

そのバラの原価は十円以下でした。

それも、才覚といえば才覚なのでしょう……。


毎朝、自転車に乗り、出勤する五十歳過ぎのおっさん。

必ず自販機のつり銭口に指を突っ込み、取り忘れを狙《ねら》う。

そこに、どれだけの夢があるのだろうか？


電車の中で爪《つめ》を切っているＯＬ。いまじゃ、化粧は当たり前。

高校の制服を着たままのガキが、車内で抱き合い、愛を語らう姿。

が、混んだ車内に妊婦が乗ってきたとき、ギターケースを持った茶髪の青年が席を譲《ゆず》った。


保険料を払えず、病院に行けぬ人。

寒空の下、自転車にリヤカーをつけて、空き缶を奪《うば》い合う人。
格差社会の結果として、お金はあるところに集まりやすい。
でも、お金はなくとも……、思いやりを持つことはできるはず。

携帯の支払いに五万をつぎ込む生活を送りながら、わが子の給食費を払わぬ親。
コンビニの前に座りこんで、買った弁当を食べる小学生。
運動会では、校門の前でピザの出前を待つ。
権利と主張の声ばかり……。負けてはならぬ、負けてはならぬ……。

先日、お通夜の後、小学生の子が駆け寄ってきた。
「おばあちゃんのこと、お願いします。お世話になります」と、一礼をした。
私は黙って、彼を拝んだ。

明治のころ、廃仏毀釈《はいぶつきしゃく》、すなわち神道を国教として仏教を排斥《はいせき》する運動の嵐が吹き荒れた。その仏教の復興に尽力された大恩人のひとりである、山岡鉄舟《やまおかてっしゅう》　大居士《だいこじ》の逸話《いつわ》です。

ある日、知人がやってきて、鉄舟に言いました。

「鉄舟さん、そんなに神仏を信じたって、しようがないじゃないですか。私は、毎朝、神社の鳥居で立ち小便をしてきますが、まったく罰《ばち》などあたりませんよ」

鉄舟は、静かに答えたそうです。

「すでに罰は当たっているよ。立ち小便というのは、犬や猫がすること。武士が鳥居に立ち小便をするとは、すでに、あんたは犬や猫になりさがっている。それが、何よりの罰だ」

賽銭《さいせん》箱に小銭を投げ入れて、大きな幸せを願う元旦《がんたん》がやってくる。

家内安全、交通安全、無病息災、安産祈願、合格祈願、良縁祈願、商売繁盛……。ほんとうの幸せはどこにあるのか？

選択

なるように　なろうと言うは　捨て言葉

ただなすように　なると思えよ

中学生のころ、先生が黒板に大きく書いた言葉を覚えています。
「人生は選択の連続だ」

右に行けばいいのか、左に進むのか？
故郷の徳山に帰るのに、羽田から飛行機か、新横浜から新幹線か？
惚《ほ》れた彼女とのデートは、小洒落《こじゃれ》たフレンチか、個室の居酒屋か？
南無三《なむさん》と賭けての結果なら、甘んじて受けよう。
深い思慮をもって導いた答えなら、得心もいくだろう。

でも、ふと、すきま風が心に吹いたとき……、
甘んじて受けていたはずなのに、「あのとき、ああすればよかった」と唇をかむ。
得心がいったと思ったのに、「ああすれば、こんなことにはならなかった」と愚痴《ぐち》をこぼす。

そして他人への捨て言葉は、やがて、自分のもとに辿《たど》りつく。

至道無難《しどうぶなん》　唯嫌揀択《ゆいけんけんじゃく》　『信心銘《しんじんめい》』

【意訳】真実は、そんなに難しくはないのだよ。ただ、あなたの選り好みする心、身びいきな心に注意を払いなさい。

比べる心

手にした物の数を競う人生
消費による自己実現
記号のついた物を身に着けたがる
人をふたつの種類に分ける世の中

悲しいかな、私たちには、ものごとに善悪や優劣の評価を自分の感覚のみでおこない、それを絶対の価値観として生きている面があります。

他者との比較のなかで、自分を確認し、強く見せたり、賢く見せたり、威張《いば》ったり、怒《ど》鳴《な》ったり……。


あいつは金持ちだけど、俺のほうが頭はいい。

あの人はもてるけれど、私のほうが心はきれい。

そんな言い訳をつくり出し、自らを慰《なぐさ》める。

でも、比べることにより満足や喜びを得ようとしても、満ち足りることは、おそらくないでしょう。

自慢されると、鼻につく
高慢《こうまん》な態度には、反発する
わかっちゃいるけど、やめられない

比べる心は、煩悩《ぼんのう》のひとつ。

野《の》放図《ほうず》な煩悩は、やがて、悲劇を生む。

責任の裏付けのない権利。

堪《こら》え性《しょう》のない傍若無人《ぼうじゃくぶじん》の態度を、力だと信じる短絡《たんらく》的な輩《やから》。

法に触れなければ何をしてもよいという考え。

いくら、口を尖《とが》らせ、眉《まゆ》を吊り上げ、恫喝《どうかつ》したとしても……、それは戯《ざ》れ言《ごと》にすぎない。


比べる心を手放すことからはじめよう。

日々是好日《にちにちこれこうじつ》

あるとき、雲門大師《うんもんだいし》（雲門文偃《ぶんえん》。中国の唐末から五代の禅僧。雲門宗の開祖）が、お弟子たちに向かって言いました。

「お前さんたちのこれまでのことは尋ねまい。しかし、これからの生活のなかで、何がいちばん大切なことなのか、一句を持ってこい」

お弟子たちの顔を見渡しましたが、誰一人として、応える者はありませんでした。

そこで、雲門大師、たった一言、言い放ちました。

「日々是好日《にちにちこれこうじつ》」

日々是好日という言葉は、聞きなれた禅語のひとつでしょう。毎日毎日が好《よ》き日であるとか、人生は心がけひとつでなんとかなるとか、毎日を感謝して生きましょう、などと理解されているようです。


この好日の「好」とは、好きや嫌い、好《よ》いや悪いを超越した「好」であるから、

「ものの優劣にとらわれたりしません」

「是《ぜ》か非《ひ》かを問いません」

「損得勘定で動きません」

「分別《ふんべつ》をしません」

と、覚悟しなければならないと教える先生もいます。

また、好を「よし」と読ませて、

「試験は落ちたけれど、よし、不合格なにするものぞ！」

「彼女と別れたけれど、よし、もっといい女性とめぐり合うぞ！」

と、上手《うま》いことを言う人もおります。


では、あなたは……。

今日、検診で癌を告知されても、好き日であると、受け止められますか？

今日、金策尽きて、不渡りを出しても、人生は心がけひとつと、前を向けますか？

今日、最愛のわが子が、事故に巻き込まれたとしても、感謝することができますか？


それでも、日々是好日。

泣いても、嘆《なげ》いても、呻《うめ》いても、もがいても、苦しんでも、日々是好日。


一九八九年八月、私はとても大切な人を亡くしました。そのとき、強くこんなことを思ったのです。

「ああ、人って、ほんとうに死んでしまうものなんだ。だったら、なぜ、人はこんな苦しい思いまでして、生きていかなければならないのだろうか？」

会えば別れる、生まれたら死ぬという道理は理解しておりました。けれども、納得ができなかった。

その人を追って、死んだほうが楽じゃないかと思いました。でも、死ねない自分がいた。寝られない日がつづき、ふらふらになるまで起きていて、やがて泥《どろ》のように眠る。で、目が覚めたら「ああ、まだ生きていやがった」と自分を毒づき、酒をあおる日々がつづきました。

つらいことを言い訳にして自分を弁護し、そんな自分がたまらなく嫌だった。

自堕落《じだらく》な日々、名状しがたい不安、死ねない意気地なしの自分を持て余していたある日、「なぜ、生きなければならないのか。なぜ、死ななければならないのか」という問いがわき起こってきたのです。

その答えを求めようとすればするほど、自分で自分をごまかせなくなってきた。若かったからでしょう、ほんとうに真剣に悩んでしまったのです。苦しくて苦しくて、何も手につかなくなってしまった。

実は、そのころの私には、お釈迦さまも禅もまったく縁のないものでした。曹洞宗や道元は、受験のための単語でしかなかった。

というのも、私の実家は山口県周南市《しゅうなん》（徳山）の工務店であり、宗旨は浄土真宗《じょうどしんしゅう》でした。だから、坐禅をしたこともありませんでした。

その当時、霊感商法が社会問題となっており、「洗脳」という言葉が宗教を象徴していました。マスコミに登場するだまされた類《たぐい》の話を横目に、私は、宗教などうさんくさいものだと眺めておりました。

けれども、そのときはなぜか、宗教や哲学の本、特に禅や妙好人《みょうこうにん》（浄土真宗の篤信者《とくしん》）などの本を読みあさり、答えを求めて、あちこちのお寺はもちろん、多くの宗教団体の門を叩《たた》きました。

そんな折、東京・神田の古書店で、曹洞宗の師家《しけ》であった原田祖岳《はらだそがく》老師の『人生の目的』という本を手にしました。そのなかの、

「吾人《ごじん》は成仏道《じょうぶつどう》の過程にある」

という一文を読んだとき、震えが止まらないほどの感銘《かんめい》を受けたのです。

成仏道の過程――。

「いま、ここ」を、自分は仏になる道を歩んでいると受け止めたとき、この苦しみにも意味があり、この嫌で厭《いや》でたまらない自分にも光があるのかもしれない、と思えたのです。

その本を買い求めた私は、その感銘のままに、裏に記してあった発行所、原田祖岳老師の隠居所であった福井県小浜市の発心寺赫照軒《ほっしんじかくしょうけん》に電話をしていました。発行日は三十年前。そこに書かれた電話番号は、蜘蛛《くも》の糸のように細く頼りないものに思えましたが、私はそこにすがっていました。

電話に出られた方は、高橋祖潤《たかはしそじゅん》さんという尼僧さまでした。

祖潤さんの声を聞いて、自分の境遇《きょうぐう》や思うところを一気に語りました。

黙って最後まで聞いてくれた祖潤さんが言いました。

「あなたは、坐禅に導かれてるんですよ」と。

数日後、私は、福井県小浜市へと向かいました。祖岳老師が晩年過ごされたという赫照軒を訪ね、三畳の自室を見たとき、「人間はこんなふうに生きられるのだ」という深い喜びを覚えました。

導かれるまま祖潤さんの取り次ぎで、原田祖岳老師の法を嗣《つ》がれた、小浜市仏国寺《ぶっこくじ》の原田湛玄《たんげん》老師のもとに参禅するようになりました。

湛玄老師はかつて特攻兵として志願し、多くの仲間が亡くなる姿を目《ま》の当たりにしました。終戦後、仲間の供養《くよう》や命のあり方についての疑問を胸に、原田祖岳老師のもとで参禅をつづけ、頭を剃《そ》りました。

はじめてお会いして教えを請《こ》うたとき、湛玄老師は、私に諭すようにゆっくりと、この言葉をくださいました。

「いま、ここ、懸命に……。自分と他人を比べない」

この世は、無常です。私たちの命も、また、無常です。
私たちは、この移り変わる命を生きているのです。
だからこそ……。日々是好日。突き詰めれば、好日とは、いま、ここのこと。

そりゃあね、楽しいときやハッピーなときは、悲しいときやつらいときよりも、居心地はいい。でも、それだけのこと。だって、幸せは居心地のよさではないはず。

毎日は新しい。
そう、毎日は新しいのだ。
いや、時々刻々と、私たちは新しいいのちを生きている。

風と落ち葉

出家して間もないころの、秋の黄昏《たそがれ》時でした。
あるお寺の前で托鉢《たくはつ》をしていたとき、ふと、目に留まった伝道掲示板に、良寛《りょうかん》さんの句が書いてありました。

焚《た》くほどは　風が持てくる　落ち葉かな

これを見たとき、なんともいいようのない感動と深い喜びを得ました。
なんだ、これでよかったんだ、と。

落ち葉を持ってきたのは風です。
足りないからと多くを求めても、枯葉にも限りがあります。
いらないからとそっぽを向いても、あるだけは、与えられます。
足りないからと、欲を起こせば苦しくなります。
しかし、いま、焚くだけはあるのです。
焚くだけはある、という信念。
いらないからと、逃げても逃げられません。
受けるべきものは、受け止めなくてはならないのです。
風を素直に受け入れる、という覚悟。

風が持ってきたのは落ち葉です。
落ち葉を焚いて湯を沸かしたり、煮炊きしたり、堆肥《たいひ》をつくったり。

人それぞれに、落ち葉の用い方は異なるでしょう。
その用い方に、その人の境涯《きょうがい》が現れてくるものです。

風をどう受け止めるか？
落ち葉をどう用いるか？

清秋の好時節になると、いつもこの句を思い起こします。

天上天下唯我独尊《てんじょうてんげゆいがどくそん》

天上天下唯我独尊《てんじょうてんげゆいがどくそん》

私が、この言葉を知ったのは、中学生のころでした。
暴走族の黒い特攻服に、金の糸で縫《ぬ》いこんでありました。
燦然《さんぜん》と輝くその文字の意味は……、この世に怖れることなどない、己《おのれ》のみを高しとする態度のことだと信じておりました。

禅を知り、大学に進み、この言葉とふたたび出会いました。

それは……、お釈迦さまが誕生されたときに発せられた言葉だったのです。

出産をひかえたマーヤー夫人が故郷に帰る旅の途中、ルンビニー園を通りかかったとき、お釈迦さまは誕生しました。

誕生と同時に、お釈迦さまは七歩歩き、右手で天を指し、左手で地を指して「天上天下唯我独尊」と宣言された、と伝えられております。


大学の先生は、こう説明をしていました。

「私」の命は、この世界にひとつしかないもの。だから、私の命は尊い。

そして、すべての命、そのひとつひとつが、同じように尊いのだ、と。

でも、赤ちゃんなのに……。

赤ちゃんが、歩いて話すなんてありえないよ……。

これは、まるで暴走族みたいな論法だな、と私は感じておりました。

仏国寺の湛玄老師とのご縁をいただいた私は、駒澤大学仏教学部に通いながら、時間とお金ができると参禅しました。

東京駅から夜行バスに乗り、敦賀《つるが》のインターまでおよそ七時間。敦賀駅まで歩いておよそ一時間。そして、小浜線に乗って一時間。そうしてたどり着いた仏国寺に、長いときは三ヵ月ぐらい滞在して教えを請《こ》いました。また、あるときには、半日の滞在のために九時間をかけて通いました。

何故に人は生きなければならないのか、何故に人は死ななければならないのか、ただ、それを明らかにしたい、そんな願いを持ちながら、老師のもとに通いました。

願いを持ちながらも、現実は、坐っても坐っても、足腰の痛さに悩まされ、わき出てくる妄想《もうそう》を持て余し、坐れば坐るほど苦しくなってしまうのです。でも……、坐るしかなかった。

なかなか答えの出ぬ問いに、何度もくじけそうになりました。
こんなことをしても何にもならないと思ってしまう自分と、いやこの道なのだといい聞かせる自分の葛藤《かっとう》。

しかし幸いなことに、ほんとうに幸いなことに、生意気でどうしようもなかったこの私を、自由というものをはき違えた、自分勝手で破れかぶれの愚《おろ》か者を、湛玄老師も祖潤さんも見捨てなかった。悩み苦しんでいる私を黙って見守ってくれていた。ご縁を結び、育ててくれました。

逃げ出しそうになる私に、ご自身の体験から、「真実なるいのち」があることを、坐禅を通じて教えていただきました。「真実なるいのち」に気づくことが、私の問いへの答えなんだと導いてくれました。そして、「真実なるいのち」を知り、気づき、信じ、体現していく、禅という生き方があるのだよ、と命懸けで伝えてくれました

ある日、湛玄老師から、次のように示されたとき、「赤ちゃんなのに」という思いが、

ふっと消え去りました。

「天上天下唯我独尊……。

お釈迦さまは、生まれてから今日まで、このことを叫び通しに叫んでいるのだよ。おまえには、その声が、聞こえないかね？」

あなたには、この声が聞こえますか？

第二章　悲しみを受け止める

いただきます

幼いころのことをふと思い出しました。
「いただきます」と手を合わせ、箸《はし》をとる僕。
「残しちゃあ、いけんよ」と、母の声。

いただきます、このいまを。
目に真《ま》っ直《す》ぐ突き刺さる注射針を。
結膜《けつまく》を切り裂《さ》くハサミの鈍い音を。
レーザーメスの緑色に輝く発光を。

いただきます、このここを。
組織に所属せず、独りの道を切り拓《ひら》く決心を。
自由に生きる誇りと自侍《じじ》を。

いただきます、この私を。
臆病《おくびょう》で、見栄っ張りで、エエカッコしいのこの私を。
わがままで、甘えん坊で、スケベエなこの私を。
慳貪《けんどん》で、姑息《こそく》で、人をだまして笑えるこの私を。

苦しみから救われることが、すべてではない。
苦しみが、私を救うことだってあるのだ。

見えるものだけに、絶望などするな。
人間は、絶望にさえも支えられて生きることができるのだ。

すべてをいただいて、深く生きる。

すべてをいただいて、深く生きる。

初詣《はつもうで》

今年の正月、やっとの思いで、主人と初詣《はつもうで》に出かけました。

この三年間、お正月が来ても、とてもそんな気持ちにはなれなかったのです。


主人も同じだったと思います。

でも、思いきって、誘ってみました。暖かく、穏やかな日でした。


娘が生きていた六年間、毎年、一緒に出かけた神社です。

はっきりと思い出すんですよね、娘のことを。

ああ、ここでおみくじを買ったなとか……、ここで、お昼を食べたなとか……、ここで、写真を撮ったなとかって……。


毎年、家族で一枚の絵馬を求め、願いごとを書いていました。

「みんな元気で暮らせますように」とか、「パパが煙草をやめられますように」とか、マンションを買う夢もあったし……。

「絵馬を書かない？」と、主人に言いました。

彼は、黙ってうなずいて……、先に書きはじめました。
渡された絵馬には「貴代美《きよみ》が幸せになりますように　パパ」と、書いてありました。
貴代美とは……、娘の名前です。

それを見たとき、涙があふれました。でも、そのときです。
「やり直せる」って、この人と一緒なら、「きっと、やり直せる」って、身震いをしてしまうほど強く感じました。

亡き吾子《あこ》の　幸せ願う　初詣

生きていればこそ

生きていればこそ　腰が痛い
生きていればこそ　肩がこる
生きていればこそ　歯がうずく
生きていればこそ　体調がすぐれない

生きていればこそ　難儀《なんぎ》だ
生きていればこそ　泣くこともある
生きていればこそ　死にたくもなる
生きていればこそ　思いどおりにいかない

「生きていてもつまらないから、死んでしまいたい」
「どうせつらい面倒な人生なら　さっさと死んでしまいたい」

しかし、それだけでは自死の理由にならない。
それを理由とするのなら、それは、あなたが真剣に生きていないということだ。

あなたが大切な人とお別れしたのも　生きていればこそ
あなたが何よりも大切なその子と死に別れたのも　生きていればこそ

何をするにも　何を思うも　生きていればこそ

生きていればこそ
生きていればこそ

子どもを生き返らせたいと願う、キサーゴータミーのお話。

キサーゴータミーは、わが子を病気で亡くしました。
彼女は家を飛び出し、村中を叫び走りました。

「誰か助けてください。私の子を生き返らせる薬をください」


「死んだ人を生き返らせる薬などあるはずないよ」

多くの人が彼女を諭《さと》しますが、彼女はあきらめきれません。

「では、お釈迦《しゃか》さまに相談してみなさい」と、ある人が言いました。


キサーゴータミーはお釈迦さまに泣きつき、懇願《こんがん》しました。

「どうぞ、私の子を生き返らせる薬をください」

「では、その薬をつくってあげるから白い芥子《けし》の実をもらってきなさい」

「わかりました。すぐに参ります。白い芥子の実は、どこからもらってくればいいのですか？」

すると、お釈迦さまは言いました。

「死者を出したことのない家から、芥子の実をもらってきなさい」

キサーゴータミーは喜び勇んで、芥子の実を求めて出かけていきました。

彼女は次々と家々を尋ね歩きます、必死に、一途《いちず》に、大切なわが子のために。

しかし、死んだ人のいない家を探し出すことはできませんでした。

やがて、彼女は気づきました。

「死んだ人のいない家などないんだ」と。


戻ってきたキサーゴータミーにお釈迦さまが語りかけます。

「芥子の実を手に入れることができましたか？」

「いいえ、できませんでした」

「キサーゴータミーよ、あなたは自分の子だけが死んだと思っていましたね。しかし、生あるものは必ず死があるのです。そして、死んだ者を生き返らせることなどできないのです。でも、そのことに気づいたいま、あなたの心には、あなたの大切な子が生き返ったのですよ」

楽しかった思い出に苦しむのも　生きていればこそ
真実を知り得るのも　生きていればこそ

いまのあなたに……。

私も、生きることを素晴らしいと思えない者であったひとりです。
そして、生きることは悲しいことでもあると知っている者のひとりです。
嘆き悲しむいまのあなたに、完全な救いの言葉などありません。
何をもってしても、いまのあなたを笑わせることなどできないでしょう。
しかし、また、いつでも、どうぞ。
そして、お大切に。

『法華経《ほけきょう》』の「如来寿量品《にょらいじゅりょうほん》」のなかに、こんな言葉があります。

常懐悲感《じょうえひかん》　心遂醒悟《しんすいしょうご》

常に悲感を懐《いだ》いて心遂《つい》に醒悟す――深い悲しみを胸の奥深くに秘めていると、その悲しみに導びかれて、ついに悟《さと》りにいたる、と。

生きていればこそ　生きていればこそ

生老《しょうろう》病死《びょうし》

お釈迦さまが王子としてお城にいたとき、季節ごとの宮殿を与えられ、多くの美女に囲まれて、毎日を過ごしていたと伝えられております。

その裕福な暮らしは、現在の日本と似ているともいえるでしょう。

ある日、お釈迦さまは従者を連れて、東門から出ようとしたとき、腰が曲がり、杖にすがってよろけ歩く老人の姿を見ました。

「あれは何か？」と、お釈迦さまは従者に尋ねました。

「老人であります」と、従者は答えました。

「老人とは何か？」

「はい、人は、誰でも年をとるとあのような姿になります」

「従者よ、お前も老人になるのか？」

「はい、さようでございます」

「この私もやがては老人になるのか？」

「はい、さようでございます」


ある日、南門から出ようとしたとき、病に苦しむ人の姿を見ました。

「あれは何か？」

「病人であります」

「病人とは何か？」

「はい、人は、誰でも病にかかるとあのような姿になります」

「従者よ、お前も病人になるのか？」

「はい、さようでございます」

「この私もやがては病人になるのか？」

「はい、さようでございます」


ある日、西門から出ようとしたとき、葬送《そうそう》の列に出くわしました。

「あれは何か？」

「死人であります」

「死人とは何か？」

「はい、人は、誰でも命が尽きるとあのような姿になります」

「従者よ、お前も死人になるのか？」

「はい、さようでございます」

「この私もやがては死人になるのか？」

「はい、さようでございます」


ある日、北門から出ようとしたとき、道を求めて托鉢《たくはつ》をする修行者に出会いました。

「あれは何か？」

「沙門《しゃもん》であります」

「沙門とは何か？」

「はい、人は、この世の不条理さに気づいたとき、己《おのれ》を捨て真実のいのちのありかを探すものです」

「従者よ、お前も沙門になるのか？」

「いいえ、これは、選ばれし者のいばらの道でございます」

「この私もやがては沙門になるのか？」

「…………」


この東南西北の門のくだりを、「四門出遊《しもんしゅつゆう》」といいます。

お釈迦さまのご出家の因縁《いんねん》のひとつであります。いつまでも続くいまはないという事実、移り変わっていく現実に気づいたとき、お釈迦さまは真実なるものを求められたのです。

生老病死《しょうろうびょうし》の苦しみは、いつの時代においても、人が人として生きる限り不変のものです。なぜなら、時代は移り変わっても、人間の本質は変わらないから。一日生きれば一日老いるし、転べば痛いのです。

お釈迦さまは、私たちとまったく同じものを見ました。

そのまったく同じものを見て、真実の生き方を求められました。

他者の悲しみをわが悲しみとして、
この世の苦しみをわが苦しみとして……。

私たちは、ほんとうに大切な人の死でさえ、思い出という美しい言葉ひとつで解決をはかり、その真実から眼をそらしているのかもしれません。
ほんとうは、大切な人のその最期の姿から、感じ取ることや学び取ることをしなければならないのに。

お釈迦さまの教えを学ぶと同時に、そのご生涯を学ぶことによって、より信仰を深め、智慧《ちえ》と安心《あんじん》、そして、生きる勇気を得ることができるのです。

三衣《さんね》一鉢《いっぱつ》のみを持し　樹下石上《じゅげせきじょう》に横たわる
裸足《はだし》でこの道を歩き　その欲をほしいままにせず

お釈迦さまのご生涯を思うとき、私は自分が僧侶《そうりょ》だといえなくなります。
物にあふれた部屋、冷暖房の設備、酒を飲む自分の姿。

遠く及ばずながらも、親しく親しくこの道を慕う者として、お釈迦さまの教えとご生涯を学び、ご縁ある方々に伝えていきたい、と希《ねが》っております。

三十年

ブログを通じてあるご夫妻と知り合いました。

三十年前、大切な大切なお嬢さんを交通事故で亡くされたそうです。

その日、赤信号で停車中の奥さまの運転する車に、居眠り運転のトラックが突っ込んできた。奥さまは、奇跡的に一命を取り留めた。

しかし、その愛《いと》おしいお嬢さんは……、わずか二歳一ヵ月であった、と。

「娘の死をベッドで伝えられたとき、茶毘《だび》に付《ふ》したと聞いたとき、動かぬこの身体が恨《うら》めしかった……。あの事故が恨めしく、あの運転手が恨めしくて……、何よりも、あのときあの場所にいた自分が恨めしかったんです」

と、しぼりだすような声で奥さまが話されました。

「そういえば、今年で三十年がたつのだなぁ、と思いましてね。

思えば長いような、短いような、なんだか、昨日のことのような……、すでに、私たち夫婦も還暦を越えました。

そろそろ、人生の整理をしなければ、と強く感じたのです。

それで、あなたにお話を聞いてもらえれば、とメールをしました」

と、ご主人が静かに語りました。


「私でよければ……、お付き合いしましょう」

月に一度ほど、お宅に伺《うかが》い、ときには食事をしながら、ご夫妻と共に過ごしました。


「いままで何度も、『死のう、娘のそばに行こう』という衝動にかられました。

急に寂しくなるんですよ、急にね。

何をしても、どこにいても、娘のことばかりを考えてました。

それでも、私には仕事があったから、幾分か救われました。

でも、妻は、退院後、家にこもって、出歩かなくなりました。

そして……。二度、妻は自殺を試みました」

「もう、一日中、泣いてました。

泣いて泣いて、泣いてばかりで……、一日中、あの娘のお骨を抱いて泣いてました。

家のことや主人のことなど、まったく構わなかった。

でも、この人が許してくれて……。

優しいから……。

お友達や親類、そして、主人の会社の方から、慰《なぐさ》めの言葉や励ましの言葉を、たくさんいただきました。でも素直に、受け止められなくて。

なぜ、娘が死ななければならないのか、と……」

「あの運転手は、実刑になりました。でも、それは、他人事《ひとごと》でした。

刑期を終えてから彼は、数年間、娘の命日に花を送ってきましたけど、いまは、もう音《おと》沙汰《さた》はありません」

「どこかで、わが家の不幸が売られたのではないかと思うくらい、多くの宗教が勧誘してきましたよ。

あの事故は、先祖供養《くよう》をおこたった罰だとか。

十代前の先祖が苦しんでいるから、娘を呼び寄せたのだとか。この苦しみは、神さまが与えてくれた私たち夫婦への試練だから、心から喜びなさいだとか……。

娘の供養をしなければ、苦しんで浮かばれず、今後もっとひどいことが起きるだとか。お恥ずかしい話ですが、当時はなるほどなって思ったんですよ。

娘が亡くなったり、妻も不安定になったり、私たち夫婦ばかりがつらい目にあっていると思うと、いわれるがままに、本を読んだり、集会やセミナーにも参加したりしました。笑われるかもしれませんが、多くのお布施《ふせ》や寄付もしたし、お守りや数珠《じゅず》、テープやビデオ、いいといわれた物をいっぱい買いました」

「でも、何をしても、心を満たすことは、できませんでした」

かけがえのない愛娘《まなむすめ》。

たどたどしい言葉を発し、よちよち歩き、けたけた笑い、ギャーギャーと泣き、こぼしながら食べ、天使のように眠るその姿。

「パパ」「ママ」と叫ぶあの子の声が耳を離れない。

「パパ」「ママ」と叫ぶあの子の顔が浮かんでくる。
死んだあの子が愛くるしい。
あの娘がくるおしいほど愛おしいのだ。
たとえ、おのが命を捨ててでも、守りたかった。
だから、何をもってしても、心に空いた穴を埋めることはできなかった。

奥さまは、声をあげ泣いていました。
ご主人は咽《むせ》び、肩を震わせていました。

先日、ひと月ぶりにお二人にお会いしました。
奥さまが開口一番おっしゃいました。
「娘のお骨を、お墓に納めることにしました。
主人の兄が近くの霊園に、私たちの分の墓地まで求めていてくれました。
今後、私たちが入った後は、甥《おい》が面倒をみてくれることになってます。
そこに、お墓を建てて、娘を納めてあげたいと思うのです。

やっと、そんな気になれました……」

いつものように、お嬢さんのお骨の前で、三人で読経《どきょう》をしました。

「私たち夫婦は、三十年かかりました。

なんだか無駄な時を過ごしたのかもしれませんが……。

娘の骨を納めると決めたら、ようやく、気持ちが落ち着きました」

と、ご主人から、お言葉をいただきました。

現今は、カウンセリングや心療内科、グリーフワーク、と心の安寧《あんねい》や癒《いや》しを提供する方法論は、いくつもあるけれど……、人間はマニュアルで扱えるほど単純なものじゃない。

三十年、亡くした娘と共に成長してきたご夫妻もある。

三十年、それは、無駄な時ではなく、必要な時間であった。

とても深く、豊かな時を、お過ごしになられましたね。もう、大丈夫。もう……大丈夫。

悲しみはいつも

二〇一一年六月、仙台の大学生が大本山總持寺の「禅の一夜」に参加されました。

彼は大学三年生で、就職活動に本格的に取り組まなければならない時期にありました。

しかし、どうしても気持ちが前に進まないというのです。

三月十一日、あの大震災で、友人を二人亡くした事実を受け止められないからだ、と。

彼は静かに言いました。

「あの日を忘れてしまいたい、そして、気持ちをリセットしたい。だから、禅の一夜に参加しました」

それを聞いて、私は答えました。

「それは違うと思うよ、悲しみはリセットしてはいけないんだ」

悲しみはリセットではなく、抱きつづけるもの。
とても苦しく困難なことだけれども、悲しみを抱きつづけると、その悲しみが、やがて必ず、真実なるものに導いてくれる世界があるのだ、と彼に伝えました。

私たちの命は、生老病死の中にあります。思いどおりにならない命です。しかし、悲しみを抱きつづける智慧と勇気を持つことによって、私たちの命を命たらしめている真実なるいのちがあることを知り、気づき、体現し、深めることもできるのです。いのちは、ひとつながり。いのちは、ひとつづきなのです。

お釈迦さまは私たちの命のありようについて、無常という言葉で示されました。私たちの命は無常だよ、つまり、移り変わっていくものだよ、と示されました。

日本人は、無常という言葉を聞くと『平家物語』の「祇園精舎《ぎおんしょうじゃ》の鐘の声、諸行無常《しょぎょうむじょう》の響《ひびき》あり」を重ねて、悲しいような、寂しいようなニュアンスで受け止めてしまいがちだけれども……、お釈迦さまの説《と》く無常はそうではないのです。無常ほどありがたいものはないよ、無常ほど尊いものはないよ、とお示しになっています。

なぜか？

それは、無常の命を生きているからこそ、私たちは育ち成長することができるからです。私たちは、この世に生まれてきたときは、みな赤ちゃんの姿です。でも、その子の命が移り変わっていかなければ、残念ながら、成長することはできません。移り変わっていくからこそ、無常の命を生きているからこそ、私たちは人となることができる。

そして、お釈迦さまはお示しになります。

移り変わっていくこの命を生きるからこそ、たとえ自分自身を信じられなくなるほどの大きな悲しみに打ちのめされたり、明日への希望を根こそぎ取り払われたりしたとしても、呻《うめ》き声をあげ、のた打ち回り、人を傷つけ、世間を敵に回し、「嗚呼《ああ》、もうだめだ」と呟《つぶや》くことになったとしても……それを、わが生きる力、わが生きる糧《かて》へと転じていけるのだ、と。

無常の命を生きていることに手を合わせ、悲しみをリセットするのではなく、悲しみと共に生きる智慧と勇気を持ちうる私たちだと、まず心得たいのです。

小学校校長の父と教師の母を持ち、裕福な家庭の幸せな五人兄弟の長男であった詩人の坂村真民《さかむらしんみん》さんは、八歳のときに突然父親を亡くします。

一家の生活は一変し、五人の幼子を育てるために母は懸命に働き、その姿とつねに口ずさんでいた言葉「念ずれば花ひらく」が心に焼きつき、彼の生涯を貫く言葉となりました。

父の死に目に会えなかった彼に、母は父の喉仏《のどぼとけ》を与え、毎朝、水をお供えするように命じました。以来彼は、毎朝一時に起床し、誰も起き出さないうちに共同井戸の水を汲みにいき、父の喉仏にお供えすることが日課となったそうです。

かなしみはいつも　　坂村真民

かなしみは
みんな書いてはならない
かなしみは

みんな話してはならない
かなしみは
わたしたちを強くする根
かなしみは
わたしたちを支えている幹
かなしみは
わたしたちを美しくする花
かなしみは
いつも枯らしてはならない
かなしみは
いつも湛《たた》えていなくてはならない
かなしみは
いつも噛《か》みしめていなくてはならない

大災害のみならず、私たちは多くの悲しみに出会わなければなりません。受け止めなければなりません。

リセットというとても便利な言葉で、自らの思考までもリセットするのではなく、悲しみを抱きつづける智慧と勇気を共に育てたいと願うのです。

その年の十二月、本山の有志で、宮城県名取《なとり》市、石巻《いしのまき》市、南三陸《みなみさんりく》町、気仙沼《けせんぬま》市、そして、岩手県の陸前高田《りくぜんたかた》市に慰霊《いれい》に行きました。

言葉を失う惨状《さんじょう》に涙をこらえながら、私たちは手を合わせました。と同時に誓いました。この悲しみを受け止めよう、この悲しみを抱きつづけよう、と。

苦しきこと

いかなるが　苦しきものと　人問わば
人をへだつる　心と答えよ
良寛《りょうかん》

ただそこにいたという理由だけで、見知らぬ人に陵辱《りょうじょく》されたり殺されたりというニュースを見聞きしますと、修羅《しゅら》の世界だなと感じます。

修羅とは、奪《うば》い合う世界のこと。

親が子を虐待し、子が親を殺《あや》めるというニュースさえも、いまでは、決して珍しいものではなくなってしまいました。


あなたは、いま、何が足りないですか？

あなたは、いま、何が苦しいのですか？


足りないものの根源は何か？

苦しいものの根源はどこか？


それは、「俺が」「私が」の心でしょう。

「俺が」「私が」の心に縛《しば》られ執着《しゅうちゃく》となり、我執《がしゅう》の塊《かたまり》となるのでしょう。

俺はエライ、私がイチバン。

自分の思いどおりにならないと、そのことを最大の苦しみとして、安易に命を傷つけ奪ってしまう。

いのちは本来は、ひとつのもの。
私たちは大きなひとつのいのちの世界に生きております。
そこには、「俺が」「私が」とへだてるものは何もありません。

仏教はそのいのちのあり方を教えております。
そのいのちあることを知り、信じ、解《わか》り、体現していく。
これこそが、仏の教えでしょう。

人をへだてる心。
これによって、いちばん苦しい思いをするのは、自分自身であることを忘れてはならないと思うのです。

へだてのない心、大きな心。
その心を持つ歩みを、どうぞ、大切に。

第一の矢

「利益」という字は、二通りの読み方があります。

今日の社会においては、「りえき」と読みますよね。もうけとか利潤《りじゅん》の意味です。

でもこの言葉は、もともと仏教語で「りやく」といいます。その意味するところは、自分が得るということではなく、むしろ、他の人に恵みを与える、ということなのです。

そこで、あなたにお尋ねいたします。

坐禅《ざぜん》や写経、お寺参りをすると、どんな「ご利益《りやく》」があるのだろうか？

あなたに何をもたらすのだろうか？

お釈迦さまと坐禅をはじめたばかりの若い修行僧のエピソードを紹介いたします。

夏のとても暑い日に、若い修行僧が坐禅をしていました。が、もう暑くて暑くてたまらない。彼は考えました。「ここはとても暑くて坐禅ができないから、場所を移動しよう」彼は、とても涼しそうな木陰を見つけました。よし、ここがいい、と決めて、また、坐禅をはじめました。

しかし、夏の暑い日です。

風が生ぬるくて、なんだか気持ち悪い。だんだんいらいらしてくる。彼は、ふと思ってしまいました。「今日は坐禅はやめて、水浴びでもしようかな」

そう思うと、ますます暑さが我慢《がまん》できなくなってしまった。

どんどん邪念《じゃねん》は広がって、こんなことをして何になるのだろう、とか、いっそ修行なんかやめて、町に遊びに行こうかな、と思ってしまった。

ああもう我慢ならない、と立ち上がった彼は、お釈迦さまのところに行き、正直に、その心のありようを訴えました。

「お釈迦さまにお尋ねいたします。

お釈迦さまは、お悟りを開かれたお方ですから、暑いとか寒いとかを感じないでしょうけれども、私は無理です。この暑さで、とても坐禅などできません。どうすれば、お釈迦さまみたいになれるのでしょうか？」

お釈迦さまは、お答えになりました。

「たとえば、矢が飛んできて、身体に当たったらどうだろう。痛くない人はいない。それと同じで、私も暑いときは暑いし、寒いときは寒いのだよ」

若い修行僧はびっくりして、尋ねます。

「じゃあ、私とお釈迦さまは、同じなのでしょうか？」

すると、お釈迦さまは、ていねいにお諭《さと》しになりました。

「暑いという第一の矢が当たるところまでは、おまえと私は、同じだ。けれども、そのあとが違う。

私は、暑いなぁで終わりだけれども、おまえは、暑いから風がほしいとか、水浴びがしたいとか、坐禅を忘れて、本来のありようから離れて、第二、第三の矢を招いた。そこが違うのだ」

このお話を、あなたはどう受け止めますか。

私たちは第一の矢を受けてしまうと、ただ、あわてふためき、自ら第二、第三の矢を招いてしまい、その結果、苦しみを深めてしまう。

ここで学ばなければならないこと、それは、私たちに向かって飛んでくる第一の矢は、何をもってしても、防ぐことができないということです。

しかし、お釈迦さまと同じものの見方をすることによって、第二、第三の矢を防ぐことはできるのです。

仏教とは何か。

私は、ものの見方のことだと思うのです。

この世を、お釈迦さまと同じように正しく見ていくことが仏教だ、と。

坐禅や写経、お寺参りをする「ご利益《りやく》」とは、実は、ここなのです。

「ご利益」とは、志望する学校に合格するとか、素敵な彼や彼女とめぐり会うとか、そんなことではないのです。

「ご利益」とは、第二、第三の矢を防ぐ智慧を学ぶことです。

また、お釈迦さまと同じものの見方をすることで、私たちは人生を、自ら得たいとか、得ようとかの利益《りえき》という生き方だけではなく、他の人にまで与えることのできる利益《りやく》という生き方にまで、深め、高めることができるでしょう。

お釈迦さまのご生涯を学んで、私は思うのです。

お釈迦さまの偉いところ、素晴らしい点は、たとえば、王子の座を捨てて出家されたこと、お悟りをひらかれたこと、多くの弟子を育てたこと、さまざまあります。

でも、その中でいちばん素晴らしい点はどこか。

それは、お釈迦さまがお悟りをひらかれたあと、お釈迦さまの身の上には、さまざまな悲しい、苦しい出来事が現れます。たとえば他の宗教から迫害を受けたり、わが故郷《ふるさと》の国が目の前で滅びたりします。

でも、お釈迦さまは、そこから逃げなかった。

決してそのことから目を離さず、その自らの悲しみや苦しみまでも、利益《りやく》という生き方の糧とされたことだと思うのです。

私たちは、第一の矢は避けられないとは知っていても……、困難に出会ったとき、「どうして私ばかりが」と愚痴《ぐち》や弱音を吐き、人の悪口でうさばらしをすることがあります。

しかし、お釈迦さまの教えを親しく学ぶことによって、愚痴や弱音という第二、第三の矢は受けないぞと覚悟する智慧が、必ず育ってくるのです。あなたの生活に、お釈迦さまと同じ境涯《きょうがい》、つまり、同じものの見方が現れてまいります。

そんな「ご利益《りやく》」の生き方を共にしたいと願うのです。

チュンダの供養

沙門《しゃもん》は……、病を得たとしても、薬の力を借りず、医者の力も借りず、ただ正念《しょうねん》をもって耐える。

陰暦二月十五日は、涅槃会《ねはんえ》。お釈迦さまのご命日。

八十歳になられたお釈迦さまは、布教のために歩きつづけていました。
ある日、パーヴァーという村で、鍛冶《かじ》工の子チュンダの接待を受けました。

「チュンダよ。あなたの用意したきのこの料理をわたしにください。また用意された他の噛《か》む食物・柔かい食物を修行僧らにあげてください。（中略）残ったきのこ料理は、それを穴に埋めなさい。（中略）世の中で、修行完成者（如来）のほかには、それを食して完全に消化し得る人を、見出しません」

『ブッダ最後の旅』（中村元訳、岩波文庫）

結果、お釈迦さまは腹痛と激しい下痢《げり》に襲われることになるのです。
下血をくり返し、衰弱《すいじゃく》しながらも、生まれ故郷を目指し歩きつづけました。
しかし……、クシナガラの沙羅双樹《さらそうじゅ》のもとで、力尽きたのです。
なぜお釈迦さまは毒きのこと知りながら、チュンダの供養を受けたのでしょうか？

仏国寺で修行していたころ、兄弟子が半身不随《ふずい》になりました。
冬のある日、熱と咳《せき》で、「風邪かな？」と思い、寝ていた彼はトイレに立とうとした瞬間、立てない、動けない自分に気づき、「助けてくれ」と叫びました。

救急車で運ばれ、精密検査の結果、脳にわずか数ミリほどの影がありました。
原因はわかっても回復の手立てはなく、ただただ安静に、ということでした。
三十五歳で出家して十五年、五十歳を前にしての出来事でした。
お寺を持つ道を選ばず、修行道場に身を置く彼は、何を想ったでしょう。
来し方、行く末を考えて、泣き声をかみ殺した夜もあったでしょう。

ある日、若かった私の不躾《ぶしつけ》な問いかけに、彼は穏やかに応《こた》えてくれました。

「法慧さんも、苦しいときに念じてみるといい。チュンダ供養、チュンダ供養ってね。毒きのこであると知りながら供養を受け、苦しさにのたうちまわるお釈迦さまのお姿を思い浮かべると……、私の苦しみなど問題ではないよ。

私の病気もそうだけど、自分では嫌だなと思うご縁であっても、やはり、ご縁は避けられないんだよ。受け止めなければならないんだ」

そして、半年後……、お医者さんに「奇跡だ」と言わしめることが起きました。

彼は自分の力で起き上がり、数歩、歩いたのです。

懸命なリハビリと厳しい自律の結果、彼はおよそ一年で退院しました。

いま、彼は還俗《げんぞく》し、信じるところの道を歩んでいます。

けれども、深いご縁のある大切な兄弟子であります。

チュンダ供養　チュンダ供養

第三章　やわらかな心を育てる

減らぬもの

施《ほどこ》しても施しても、減らぬものは何だろう？

にこやかな笑顔
おだやかな目
やさしい言葉
身軽な動作
そして、思いやりの心

……あなたは、こんな素敵な宝物を持っている。

出会いのヒント

世の中どうしようもない坊さんばかりだね。
いままでうちの会社で施行《せこう》した坊さんで、まともなのはいないよ。
ただ、衣《ころも》を着て、お経を読んで、何十万も取るんだぜ。
で、間抜けな面《つら》下げて、威張《いば》り散らしてさ。
なんで、あんなのを「先生」って呼ばなきゃなんないの？
あいつら、人の不幸で飯を食ってるだけの最低の人間だよ。

もう、絶対に男なんか信じない。
結婚するって約束しての同棲《どうせい》だったのに。
十三年よ……。十三年も一緒に暮らしたのに。私、もう三十五なのよ。
両親にも紹介したし、彼の田舎《いなか》にも何度も行ったわ。
それがさぁ、いきなり好きな女ができたからって、その人が妊娠《にんしん》したから別れてほしいっていうのよ。

だから別れてやったわよ、あんな奴とは。

私、もう男なんか絶対に信じない。仕事に生きるの。


あんな会社なんか、もう辞めてやる。

あのバカ社長なんか、俺がいなけりゃ、すぐに潰《つぶ》れるさ。

あちこちに頭を下げて、誰が仕事をとってきたと思ってるんだ。

朝から晩まで、休みも返上して、残業手当も昇給も、まったくなしだぜ。

俺、女房と小学校のガキが一人いてさ、で、手取りで二十二万だよ。

結局、何もしない社長一家だけが、左うちわだもんね。もう、ホント、やってられねぇよ。

俺にはノウハウもあるし、それなりに人脈も築いてきたさ。だから独立して、あのバカ社長に、ひとあわふかせてやるよ。


誤解を恐れずに言おう。

いまのあなたを取り巻く環境は、あなた自身がつくり出したものでもある。

そして、これから現れる出来事も、まず、あなたの心が先導する。

あんな坊さんなんてと思う心に、
あのアホ男なんてと思う心に、
あのバカ社長なんてと思う心に、

そんな構えた心に、
そんな凝《こ》り固まった心に、
新しい発見も、素晴らしい感動も、素敵な出会いも現れることはない。
いや、その訪れに、気づくことさえもできないだろう。

ほんとうの仏教とは何かを求めて宋《そう》の国に渡った道元禅師《どうげんぜんじ》さまが、修行を終えて帰国したとき、何も持ち帰らず、空手《からて》で帰国した。

ある人が禅師に尋ねた。

「あなたは、かの国から、何を得て帰られたのですか？」

禅師は、微笑《ほほえ》みながら、こう答えたという。

「柔軟心《にゅうなんしん》かな」

不平不満、未練、愚痴《ぐち》……。
悪徳僧侶《そうりょ》に、狡賢《ずるがしこ》い葬儀社。
節操《せっそう》のない男に、操《みさお》の薄い女。
バカな社長に、始末の悪い社員。

思いどおりにならないことはたくさんある。
裏切られることもあれば、足をすくわれることもある。
ときには、阿呆《あほう》と思う人にも、頭を下げなければならないこともある。
ときには、わずかのお金にも、土下座をしなければならないこともある。

でも、やわらかな、爽《さわ》やかな場所にこそ、人は集《つど》う。
そして、穏やかな、温かな場所にこそ、豊かな時間と仏法の潤《うるお》いが現れる。

だからこそ、くじけないで。

新たな出会いのヒントは、あなたの柔軟心にある。
東京・三鷹《みたか》の観音寺《かんのんじ》尼僧専門道場の堂頭《どうちょう》であった長沢祖《ながさわそ》禅《ぜん》老師は、「好きな人」と題して次のような言葉を残しておられます。

真面目で
親切で
ゆったりと
堂々として
どっしり味のある
そして、快活な人物

ある告白

「母を……、殺しました」

「私は母を、母親を、殺してしまったんです」

その女性は、老師に告げました。

お茶を運ぼうとしていた私は、思わず、立ちすくんでしまいました。

この告白を聞いたのは、二十年も前のことです。そのころ、私は原田《はらだ》湛玄《たんげん》老師のおそばにお仕えをしておりました。そこは地方の小さなお寺でしたが、老師を慕《した》って、多くの修行僧や参禅者が集まっていました。

彼女は、およそ、こんなふうに話をつづけました。

父は働きもせず、お酒を飲んで暴れてばかりいました。母や私にも手をあげました。私は、父を憎みました。でも、母は黙って、その生活に耐えていました。父の借金の返済のため、私を育てるために、働きづめの人生でした。学校を卒業し、職に就いたころです。母は、農薬を飲んで、自殺をはかりました。

そのとき私は、生まれてはじめて、神仏《かみほとけ》に祈りました。

「どうか、お母さんを、お母さんを……、このまま死なせてあげてください」

母のもだえ苦しむ顔を見て、真剣に祈りました。

たとえ、命を取り留めたとしても、あの生活からは逃《のが》れられない。

ときおり見せるつらそうな表情、心底疲れたようなため息、すすり泣く母の姿を、もう、見たくはなかった。

ならば、死んだほうが楽になれるって、考えました。


数日後、母は息を引き取りました。


その後、私は結婚をし、子どもを授かりました。わが子をあやしていたとき、ふっと思ったんです。

「私が、お母さんを……、殺したんだ」


たとえ苦しくつらい人生でも、生きてさえいれば、孫にも会えたでしょうし、いいことだってあったでしょう。でも、それに気づかずに、あのとき、母が死ぬことを一心に願ってしまいました。

その日以来、母を殺したという思いから、離れることができません。

母の写真に、「お母さん、ごめんねごめんね」と詫《わ》びるのが、日課になりました。

先日、私は母が亡くなった歳《とし》を越しました。

どういうわけか、何をしていても、母の苦しそうな顔ばかりが浮かんでくるようになりました。私の犯した過《あやま》ちのために、母がまだ苦しんでいるのかもしれないと思うと、もう、たまらなくなります。

坐禅《ざぜん》をすれば、心が落ち着くかなと思って、ここに来ました。でも、どうしてもだめです。どうぞ、お教えください。私は、どうすればいいのでしょうか。

彼女の目には涙があふれ、身を切るような痛みを、必死に耐えているようでした。

しばらくの沈黙のあと、老師は、静かに答えました。

「もう一度、もう一度お母さまを……、殺しなさい」

思いがけない老師の言葉でした。

彼女は、あまりの驚きに、大きな声でわっと泣き伏してしまいました。

どれほどの時がたったでしょうか、彼女の嗚咽《おえつ》がおさまりかけたとき、老師は合掌《がっしょう》し、声を詰まらせながら、言いました。

「これからは、お母さまの笑顔を、笑顔を、思い出してあげなさいね」

その瞬間でした、彼女の様子が一変したのです。

伏せていた顔を起こし、喜びと感謝の面持《おもも》ちで、老師を見つめ、手を合わせ、深々と頭を下げたのです。

人は、過去を受け入れることで、また、ありのままの自分を認めることで、人生を肯定できるものです。

老師の「もう一度殺しなさい」という言葉は、おそらく、母を殺したという思いをえぐり出し、と同時に、受け入れがたい過去を許すきっかけになったのでしょう。

だからこそ、お母さんの笑顔を思い出せるようになった。

以来、彼女は、真剣に参禅するようになりました。心の落ち着きどころを知り、坐禅をする素晴らしさや、仏法にふれる悦《よろこ》びを感じたのでしょう。

愛ある語《ことば》、と書いて「愛語《あいご》」です。愛というものをていねいに表現すれば、慈愛《じあい》です。つまり、愛語とは、慈愛ある言葉のことです。

あなたも、慈愛ある言葉にふれたとき、心が躍《おど》るような深い感動を受けたり、涙がこぼれたような体験が、きっとあるでしょう。

本来、私たちには、慈愛の心があります。

慈愛の心を持っているからこそ、愛語を語れ、愛語に響けるのです。

そして、私たちは、この慈愛の心を、より大きく、より温かなものに育てることができるのです。

慈愛の心を育てるポイント。

それは、「へつらう心」から、離れる覚悟をすることです。

「へつらう心」というのは、「人からよく思われたい心」のことです。

私たちは人からよく思われたいものだから、つい、ごまかしたり、嘘《うそ》をついたりしてしまいがちです。でも、その言葉は、愛語とはいえません。

あなたはどうですか？「へつらう心」から、離れていますか？

では、私はどうだろうか？

私はいま、「へつらう心」から離れましょうよ、と言いました。でも、そう言いながらも、私の心の中に「話の上手《うま》い和尚《おしょう》さんだな」と言われたいという思いが……、ないとは言えない。いえ、「話の上手な和尚さん」と言われたいという思いがあるのです。

それぐらい、この「へつらう心」というものは根深いものなのです。

なぜなら、私たちは、根本的に自分が可愛い。ともすれば、自分にばかり執着《しゅうちゃく》してしまうからです。

しかし、「へつらう心」から離れるぞと覚悟しておけば、そのときどきにおいて、自らを点検していけますね。

お釈迦《しゃか》さま、道元禅師さま、瑩山《けいざん》禅師さまは、坐禅をお示しになりました。

坐禅は、身体を調《ととの》え、呼吸を調えます。そうすれば、心も調い、思いが正しくなります。自《おの》ずと、「へつらう心」からも、離れていくでしょう。

「へつらう心」から離れる覚悟と坐禅が、慈愛の心を育ててくれます。

坐禅に親しみつづけるなかで、私たちは、ほんとうに行き届いた愛語を語れる人に、また、語られた愛語により深く響ける人に、きっと成長していけるはずです。

そして、たとえ心ない言葉を投げかけられたとしても、それを自らの愛語として受け止められる人にまで、心を育てることができるでしょう。

あの日から二十年がたちました。

もし、彼女がここを訪れたら、私はこんなふうに伝えるでしょう。

「どうか、いまのお気持ちを、全部、ご本尊さまにお預けください。

そして、一緒に、坐《すわ》りましょう」

影法師

ひさしぶりに、故郷山口県を歩く機会がありました。

繁華街の凋落《ちょうらく》ぶりに、「これが、あの徳山か」と嘆息《たんそく》いたしました。

輝いて映っていたものが消えた姿に、あらためて、常なるものなしと感じました。


二十年ぶりの友人との再会。

「よお」の一声で、長い歳月が一気に走り去りました。

昔話をするなかで、高校二年のころ、作家の北方謙三《きたかたけんぞう》先生から、

「人生は歩く影法師、その姿を見失うな」

という言葉をいただいたことを思い出しました。

自分には同じ影でも、歩く道によって凸凹《でこぼこ》になったり、伸びたり縮んだりとさまざまに形を変える。世間や他人に見えている「自分」とは、そのときどきの影みたいなものだ、と。

あのころ、自分の影法師は、どんな姿をしていたのだろう？
あのとき、抱いた夢や希望の影法師は、どこに行ったのだろう？
そしていま、私の影法師は、どんな姿なのだろう？

平安時代の僧、恵心僧都《えしんそうず》・源信《げんしん》の名は、中学校の教科書にも登場します。『往生要集《おうじょうようしゅう》』といえば、思い出されるでしょうか？

源信は神童の誉《ほま》れ高く、九歳で比叡山《ひえいざん》に登り、わずか十五歳のときに村上《むらかみ》天皇の前で『称讃浄土経《しょうさんじょうどきょう》』を講じるという名誉を得ました。天皇はその講義に大変感動されて、お褒《ほ》めの言葉と褒美《ほうび》の品、そして、僧都の位《くらい》を源信に授けました。

源信はご下賜《かし》の品々を、故郷に独り住む母に送りました。
ところが、母は、それらすべてを源信に送り返し、次のような手紙を添えました。
あなたが立派な学僧になったことを、うれしく思います。

うちには女の子はたくさんおりますが、男の子はあなた一人です。

その大事なあなたを、元服《げんぷく》もさせずに比叡山に登らせたのは、偉い坊さんだと世間にもてはやされるためではありません。

ひたすらに、真実の道を求めて、それを私に教えてほしかったのにほかなりません。華やかな場所に出入りするような人になってほしかったのでは、決してないのです。

もう私は老い先長くはありません。

あなたがほんとうの聖人になるまで、私は死んでも死に切れません。

後の世を　渡す橋とぞ　思いしに
　世渡る僧と　なるぞ悲しき

観無常《かんむじょう》　無名利《むみょうり》……。

無常を観ずれば、名利なし。

地位や名誉、人から褒められたい、よく見られたいと思う心の影法師。

学歴も資格もないよりも、あれば、便利なこの世の中。

地位や名誉で、人が変わる姿も、目にしてきた。
お前自身が偉いのか？　それとも、その地位が偉いのか？
金襴《きんらん》のお袈裟《けさ》をつけて、黙《だま》ってりゃ偉いお坊さん。
褒められれば、悪い気はしない。そして、威張りくさって、自ら腐る。

金、金、金と、金を追いかける心の影法師。
金がすべてじゃないって、きれいに言えない年齢になってきた。
金があるかないかだけで、人生が変わることも知っている。
子どもがいれば、なおさらのこと。学校に通わせるのも、ただじゃない。
金だけが己の力だと錯覚し、金を求めて、人に逃げられる。

世渡る僧、世渡る経営者、世渡る主婦、世渡る政治家、世渡るホスト、世渡るサラリーマン、そして、世渡る私。

あんな大人になんかなりたくねぇや、と思ったガキのころの影法師に指をさされ、笑われてはいないだろうか？

さぁ、もう一度、
いまから……。
ここから……。

すべてが福

通夜振る舞いの席で、喪主《もしゅ》の方が語りかけてきました。

「母が亡くなって以来、彼女の人生は幸せだったのだろうかと、そればかり考えてしまいます。八十八歳、苦労しどおしの母の人生を思うと……」と、声を詰まらせました。

人生の先輩に対して、申し上げるのも恐縮ですが……と、前置きをして尋ねました。

「幸せって何でしょうね？」

「そりゃあ、お金に苦労しないで、健康で、家族や友達と仲良く暮らして、長生きして……」

喪主さんは思いつくまま答えたのでしょう。
私は、あらためて尋ねました。

「それだけでしょうか？」

お金は、ないよりも、あったほうがいい。
入退院をくり返すよりも、もちろん健康であるほうがいい。
人生、バカと蔑《さげす》まれるよりも、先生と呼ばれたい。
せっかく生きるのなら、泣いて暮らすよりも、笑ってすごしたい。

けれど、幸せは比較の問題だろうか。

……減っていくのが幸せ？
……奪《うば》われてしまうのが幸せ？
……無くなってしまうのも幸せ？

いや、どんな状況にあっても幸せでありたい。

条件などつけることなく、どんな状況になっても幸せでありたい。

惚《ほ》れた人と迎えた朝も、ケンカしてぶち込まれた留置場で起きた朝も、同じ朝。

托鉢《たくはつ》をしながら野宿した夜も、銀座のお店で過ごす夜も、同じ夜。

風呂無し、便所は共同の四畳半の部屋から見上げた空も、六本木ヒルズから眺《なが》めた空も、同じ空。


「萬福《ばんぷく》。萬《よろず》のもの、すべて福なりって、ほんとうに思える人が幸せなのでしょうね。お母さまは、人生って苦しいことも多いけれど、そんなに悪いものでもないよって、最後に、みなさんに伝えたいのではないでしょうか……」

あなたは、幸せですか？

そろいのニット帽

坐禅会《ざぜんかい》に参加されているご夫妻の話をいたします。

お二人は共に若く、二十代なかば。ご主人は公務員であり、奥さまは税理士です。

昨年の秋ごろのこと。「頭が痛い」と、たびたび奥さまがご主人に訴えたそうです。

当座は市販の鎮痛剤を服用していたそうですが、いっこうによくならない。

それでは、ということで、ご夫妻で病院に出かけたそうです。


そして、診察の結果、脳に腫瘍《しゅよう》が見つかりました。

医師の話によれば、脳の内部ではないので、腫瘍を摘出すれば大丈夫だとのこと。

しかし、ふだんから食事や健康に気を遣い、身を節して暮らす若い夫妻にとって、予期せぬ出来事でした。さらに、手術するにあたり、髪の毛を落とさなければならないことが、奥さまにとって大きな衝撃《しょうげき》であったようです。

聡明な奥さまのことだから、命よりも髪の毛が大事だということはないにしても、手術の同意書に判を押すのをためらったそうです。

しかし、数日後、奥さまのご様子が一変しました。

それまでふさぎ込んでいた奥さまが、突然大きな声をたてて笑ったというのです。

なんと、ご主人が、きれいに頭を丸めてお見舞いに来たのだそうです。

多くの言葉をもってしても届かない思いを、なんとかして伝えたい、と願って丸めた頭。

この日以来、奥さまは落ち着きを取り戻しました。

そして、手術も成功いたしました。

二月初旬、坐禅会に、おそろいのニット帽をかぶったご夫妻がお見えになりました。

坐禅堂の聖僧《しょうそう》さまの前で坐るふたつの丸めた頭に、私は手を合わせ拝みました。

正念相続《しょうねんそうぞく》

二〇〇四年夏、托鉢《たくはつ》をしながら、四国八十八ヵ所のお寺を歩きました。お遍路《へんろ》さんといえば白装束《しろしょうぞく》ですが、私は墨染《すみぞ》めの衣《ころも》に手甲脚絆《てっこうきゃはん》と網代笠《あじろがさ》。頭陀袋《ずだぶくろ》と御朱印軸《ごしゅいんじく》を肩から下げて、錫杖《しゃくじょう》と鉄鉢《てっぱつ》を持っての旅でした。おかげさまで、多くの方とのご縁をいただき、二ヵ月あまりで願いを遂げることができました。また、高野山《こうやさん》の奥の院にまで行くことが叶《かな》いました。

その後のこと、夜更けに、私の携帯電話が鳴りました。

四国でお世話になったご老僧がお亡くなりになったことを告げる電話でした。足摺岬《あしずりみさき》をぐるっと廻ったあたりで、疲労困憊《こんぱい》と発熱でへたり、道端に座りこんでいた私に「泊まっていかんかね」と、優しくお声をかけてくださったのが、ご老僧でした。

お言葉に甘え、数日間泊めていただき、多くのことを教わりました。

体調を調《ととの》えて出発の朝、お茶を飲みながら、こんな話をしてくださいました。

「同じ格好をしたお遍路さんであっても、これを契機に信仰を深める人もいれば、逆に、見て歩くだけの判子《はんこ》鳥《どり》になる人もいる。

残念なことだけど、途中で自分の目的を見失って、判子をいくつ集めただの、何回、四国を廻っただのと競争して、自慢《じまん》をしよる。

あれじゃあ、スタンプラリーやね。

あんたが最初に描いた願いを持ちつづける工夫、一念を相続《そうぞく》する工夫を忘れちゃあいけんよ」


しわがれ声で、朴訥《ぼくとつ》に話すご老僧のお言葉が身に染《し》み、心が震える思いをしました。たしかに、参拝したお寺のご朱印だけがその証《あかし》であり、目に見える結果であるため、ともすれば「あと、いくつ」と数えてしまう自分を深く反省いたしました。

一念を持《たも》ちつづける工夫を「正念相続《しょうねんそうぞく》」といいます。相続という言葉には、物事をつづけておこなうという意味があります。禅においては、師から嗣いだ法や自らの誓願を持ちつづけることを相続するといいます。

正しい願いを持っていても、それを持ちつづける強い覚悟と深い工夫がなければ、試練に押しつぶされたり、辛酸《しんさん》をなめて最初の一念を見失ったりすることになるでしょう。

しかし、挫折《ざせつ》や失敗を味わうことになったとしても、それでもなお、そこから、正念相続していくことこそが、私たちの人生をより深く、より豊かに、そして、より高めていくことになると思います。

「工夫を忘れちゃあいけんよ」

ご老僧の言葉が響きます。

第四章　自分から自由になる

自分がいちばん愛しい

コーサラ国のパセーナディ王はマッリカー夫人と、高楼《こうろう》に登って雄大な眺《なが》めを楽しんでいました。

王は、ふと夫人に問いかけました。

「そなたには、自分自身より愛しいと思われるものがあるか？」

しばらくの沈黙の後、夫人は優しく正直に、こう答えました。

「私には、自分より愛しいと思われるものは考えられません」

王は、最愛の人からの「何よりも、あなたが愛しい」という言葉を、期待していたのかもしれません。

しかし王は、その言葉の重さに愕然《がくぜん》としながらも、その意味を正しく受け止めました。

今度は、夫人が王に問いかけました。

「王さまには、ご自分よりもっと愛しいと思われるものがおありでしょうか？」

王は、静かに答えました。

「私も、自分自身よりも愛しいと思われるものはない」


この話を聞いたお釈迦《しゃか》さまは、深くうなずき、次のように説かれました。

人の思惟《おもい》は、何処《どこ》へでも行くことができる。

されど、何処へ行こうとも、人は己《おのれ》より愛しいものを見いだすことを得ない。

それと同じように、すべて他の人々にも、自己はこのうえなく愛しい。

されば、己の愛しいことを知るものは、他のものを害してはならぬ。


自分よりも愛しいものはいない……。

これは、涙まじりにマイクを握り、下手《へた》なカラオケをうなることではない。

これは、避妊もせずに一夜を遊び、同意書をもって中絶することではない。
これは、学業成績の不振を理由に、親の建てた家を放火することではない。
これは、色情や性欲を満たそうと、力ずくで女性を組み伏せることではない。
これは、己ひとりのみ高しとして、気に入らないものを殺《あや》めることではない。
これは、利己主義のエゴイストの宣言ではない。
これは、自己陶酔のナルシシストの独り言ではない。

自分さえよければ、それでよし。法に抵触しなければ、問題なし。
そして、人が見ていなければ……、やっちまえ！
……ほんとうは、そんな、安い自分でもないだろうに。

「自分よりも愛しいものはいない」

この言葉には、やはり、含羞《がんしゅう》や恥じらいがなくてはならない。
この言葉には、やはり、人の持つ愚《おろ》かさの発見がなくてはならない。
この言葉には、やはり、その愚かさへの反省と赦《ゆる》しがなくてはならない。

己ひとつの世界

夕方、かったるそうにレジを打つ三十歳前後の店員。

小銭を取り出すのに手間取っている老婆に、小さく吐き捨てた。

「うぜぇ、早くしろよ」

一時間なんぼの仕事だから、プライドが持てないのか？

こんな店員を雇い、使いまわして捨てるのも、これもまた、雇われの店長。


「母子家庭になったおかげで、市営住宅にも入れたし、手当てもけっこうもらえるの」と、カウンターで寿司をほおばりながら語る女。

「五年前に離婚届を出してさ、でも、実は……、ずっと旦那《だんな》と暮らしてるのよ。すごいでしょ。だって、こんな時代、真面目にやってたら、貯金もできないわよ」

「子ども？　小学生と中学生の二人の息子よ」

利権目当ての偽装離婚。
その親の背中は、どんなふうに、子どもの目に映るのだろうか？
くすねた金じゃあ、うまい酒は飲めやしない。

大きなバイクを買っても、任意保険に入らない理由は、「金がないから」。
高級車を転がしても、娘の保育料を払わぬ親。
ブランド物のバッグを持つために、「援助」を求める女。

そりゃあ、いい物はいい。でも、ほんとうはどうなのか？
消費による自己実現。晦《くら》まされた人の価値。
自由とはお金のことかい？

道元禅師《どうげんぜんじ》さまは、他にも己という字をつけ、他己《たこ》と表した。
自分と他人ではなく、自己と他己。
自分と他人のふたつではなく、己ひとつ。
ふたつの対立の世界ではなく、へだてのないひとつの世界。

己ひとつの世界だよ、と。

自分のものは俺のもの、他人のものも俺のものとするのは、蛸《たこ》野郎の論理。

他己、それは、他もまた己にほかならぬこと。
自己とは、自分に現れた己であり、他己とは、他に現れた己のこと。
つまり、すべてが己。

己ひとつが解《わか》れば、老婆が己の姿と重なるだろう。
己ひとつが解れば、世間をだますことは、己自身をだますことと気づくだろう。
己ひとつが解れば、この命もその金も、預かりものだと知るだろう。
己ひとつの世界だからこそ……、愛おしいのだ。

自分という塊《かたまり》

「自分という塊《かたまり》なんぞ、ない」

この言葉は、私が坐《ざ》禅《ぜん》をはじめたころ、仏国寺《ぶっこくじ》の湛玄《たんげん》老師からいただいたものです。

仏国寺では、毎朝二炷《ちゅう》、二回坐禅をします。一炷とは、およそ四十分です。

坐禅と坐禅の間には、経行《きんひん》という歩く坐禅をはさんで坐《すわ》ります。

夜は三炷、三回坐禅をします。

それ以外は、畑の作務《さむ》と托鉢《たくはつ》。

小さなお寺ですから、畑をつくり、三日に一度は托鉢。小浜《おばま》だけではなく、若狭湾《わかさわん》一帯を歩きます。年に数度、遠鉢《えんぱつ》といって、名古屋方面にも行きました。

攝心《せっしん》という、一週間、朝から夜までひたすら坐禅をする期間が年七回ありました。

夜は九時が就寝の時間でしたが、ゴザと坐蒲《ざふ》を持って、お墓で坐禅をしていました。明け方まで坐っておりました。


そのころの写真を見ると、自分でもびっくりするほど細く、痩《や》せています。

姪《めい》に、「これ法慧ちゃんだよ」と当時の写真を見せましたら、首をふって、「こんなのほうえちゃんじゃない！」って言われてしまいましたが……。


当時は、なんとかして自分の悩みを解決したいと願い、そして、不動の自己の確立とでもいうのでしょうか、弱い自分に打ち克《か》ちたいと考えていました。


そんな思いでいっぱいであったある日、私は湛玄老師から、

「自分という塊なんぞ、ない」

と言われたのです。いや、ホント、びっくりいたしました。

なんとかして、この自分をどうにかしたいと思っていたところに、その「自分がない」と言われたのですから。

きっと、まだ、機が熟していなかったんですね。

だから、老師の言葉を受け入れることができませんでした。

「自分という塊なんぞ、ない」と言われたとき、私はたまらず、老師の腕をつかんでしまいました。

そして、「じゃあ、これは誰の手ですか？」という言葉が出たその瞬間、私は、老師に警策《きょうさく》で打たれていました。


「自分という塊なんぞ、ない」という言葉、あなたは素直に肯《うなず》けますか？


最近、ご縁をいただいて三ヵ所で、お話をする機会がありました。

ひとつは、友人の経営する進学塾で、中学三年生の生徒さんに。

それから、年に二度、お彼岸《ひがん》の法要で伺《うかが》う老人ホームで。

そして、姪が通う保育園の年長組で。

どれも「一大事《いちだいじ》」をテーマにしてお話をさせていただいたのですが、話のなかで、「あなたにとって、いちばん大事なものは何ですか」という問いかけをしました。

中学生は、自分、夢、家族、という答えが多かったです。

なかには、ませた子もいて、彼女とかお金という答えもありました。

老人ホームでは、自分、家族、思い出の品々、お金、心という答えでした。


保育園でいちばん多い答えは、パパやママでした。

おもしろいことに、自分という答えはありませんでした。

一人ひとりに聞いても、自分という答えは出てきませんでした。

かといって、幼い子どもに自分という意識がないわけではありません。

自分のものは主張しますし、「自分でする」といってきかないときもあります。

察するに、この子たちにとって、自分とは、パパでありママなのではないか。

それはつまり、自分を塊として持たないからこそ、パパやママをいちばん大事だということができるのではないか。


私たちの出発点は、ここであったはずです。

私たちは、ほんとうは、パパやママだけでなく、この世界そのものを自分としていたはずです。

しかし、気づかぬうちに、自分という塊にがんじがらめとなり、自分に苦しんでいる。

坐禅をしていた自分、悩みの解決を願っていた自分、自己の確立を求める自分。正坐の痛さに脂汗《あぶらあせ》を流す自分。お腹が減って眠れない自分。もうだめだと泣いた自分。

あのときの私は、自分をつくることに一生懸命でした。なんと多くの自分という塊をつくり出し、執着《しゅうちゃく》し、へだたりを生み、比較し、その結果、もだえ苦しんでいたことか。

私が禅の世界に飛び込んで、僧侶《そうりょ》としていまあるのは、あのとき、湛玄老師に警策で打たれたおかげでもあります。懸命に坐る道があることを、そして、自分という塊に執着しない心を実践《じっせん》し、体現していく道もあることをわからせていただきました。

坐蒲にどっかりと坐り、身を調《ととの》えて、法界定印《ほっかいじょういん》を組む。

「自分という塊」に執着することなく、頭であれこれと考えることなく、丹田《たんでん》で呼吸を調《ととの》える。

堂々と、悠々《ゆうゆう》と坐り抜く。

そこに、この世界をわがいのちとするはたらきが現れてくるのです。

自分を拝む

「自分で自分を拝《おが》めなかったら、ほんとうに生きたとはいえないのよ」

これは、私が頭を剃《そ》るご縁を支えてくれた尼僧、高橋祖潤《たかはしそじゅん》さんの言葉です。

「自分で自分を拝めなかったら、ほんとうに生きたとはいえないのよ」

では、自分で自分を拝むとは、どういうことでしょうか?

おそらく、多くの方が、そんなに深く反省しなくとも、とても拝めるような自分ではないなと気づくでしょう。

なかには、俺は金持ちだから、私は大学院修了だから、または美人だから、という理由で自分で自分を拝めるという回答をする人もいるかもしれません。

しかしこれは、自分を拝める人というよりも、むしろ単に自分が好きな人でしょう。なぜなら、お金の有無や学歴や美醜《びしゅう》は、所詮《しょせん》、比較の問題にすぎないからです。

恥ずかしながら、私は大学を卒業してからも就職をしないで、そのまま仏国寺に住み込んでおりました。このお寺には、遠く外国からも多くの方が坐禅をしに来ていました。

その年の秋ごろ、イスラエルから来ていた参禅者の方と、大喧嘩《おおげんか》をしてしまいました。いま思えば、ほんとうに情けないことです。湛玄老師からは、このことでこっぴどく叱《しか》られまして、「出ていけ」とまで言われてしまいました。

若かったんですね。「出ていけ」と言われればすぐ出ていこうとして、荷物をまとめている私のところに、兄弟子が来て静かにこう言ってくれました。

「全部が自分なんだ。お前は、誰と喧嘩しているんだ。喧嘩をするということは、結局、自分と喧嘩していることだぞ」

全部が自分……。

そのときです。ああ、これだったのか、と思いました。涙があふれてきました。

自分自身とは頭のてっぺんから足の爪先までのことだ、と思い込んでいたものが、急に解《ほど》けました。

ああ、自分という塊はないんだ、と。自分とは、この世界、すべてが自分だったのだ、と。

自分という塊はない。この大きないのちのはたらきに、もっと深く気づきたいと願う一心で、老師にふたたび修行させていただくことを請《こ》いました。

それから四年……、老師に僧侶になることを許していただき、いま、ここに至っております。

仏教とは、仏の教えと書きます。

つまり、お釈迦さまのものの見方のことです。

お釈迦さまと同じようなものの見方をすること。

お釈迦さまと同じようなものの見方をするとき、真理に照らして要らぬ心配をしなくなる、比べなくなる、そして、迷わなくなってきます。

「南無帰依仏《なむきえぶつ》」からはじまり、「不謗三宝戒《ふほうさんぼうかい》」で終わる私たちの命のあり方を示した十六条の仏戒《ぶっかい》の根本は「衆生本来仏なり《しゅじょう》」であります。

私たちは、実は、仏さまと同じいのちを生きている。

この戒は、破るとか守るとかが論点ではなく、持《たも》つという視点が大切になります。

持《たも》つとは、「～をしつづける」こと。

わが身を懺悔《さんげ》しながら、くり返し、くり返し持《たも》ちつづけることによってのみ、このいのちが輝いてくる。

だからこそ、この身が尊い。

仏、仏の教え（法）、そして、その教えを実践《じっせん》する者たち（僧）の三宝に響き、信じ、気づき、体現していくのも、この身があってこそ。

それぞれが大切な宝であり、つまり、この身こそが三宝です。

この身を謗《そし》らないことが、不謗三宝戒なのです。

尊いこの身を謗るようなことはあってはならない。

尊いこの身を傷つけるようなことはあってはならない。

この身の尊さがわかれば、いたずらに命を奪《うば》い、与えられざる物を盗み、性を貪《むさぼ》り、酔い、惜《お》しみ、口に任し、己のみを高しとし、怒りに任すような真似は、できない。

「南無帰依仏」と手を合わせることは、仏を拝み、仏の教えを拝み、それを実践する人々を拝み、そして、自分を拝むこと。

自分を拝むとは、この自分という塊を拝むのではなく、一切を拝むことであります。

一切を拝むこと、それが、不謗三宝戒なのです。

一切が自分であると気づき、信じ、拝む。

まず、自分を拝むことから、はじめてみましょう。

現れるもの

試みに、筆を持って、横線を書いてごらん。そう、漢数字の「一」を。

どうかな？　その「一」は？

上手に書けたかな？　それとも、思うようにいかなかったかな？

もし、いま、あなたが書いたその「一」に、あなたのすべてが現れていると指摘されたら、どう思うかな？

「勝手に決めんなよ。そんなんで、何がわかるんだよ！」って、思うかな？

たしかに、そうだよね。そんな「一」の字ひとつで、俺がわかってたまるかって、ね。

でもね……。

高校生のころ、小林秀雄《こばやしひでお》が好きでよく読んでいた。『西行《さいぎょう》』とか『無常といふ事』とか。

評論はともかく、小林秀雄からふたつのことを学んだ。

そのひとつは、作家の本を全集で読むこと。

大学のころ、坂口安吾《さかぐちあんご》や中島敦《なかじまあつし》、そして、吉田松陰《よしだしょういん》なんかに取り組んだ。

リルケの原文は……、数ヵ月で挫折《ざせつ》しちゃったけどね。


もうひとつは、審美眼《しんびがん》を養うこと。つまり、本物を見るってこと。

縁あって、遠州《えんしゅう》流の茶道を学び、美術館や博物館に通ったよ。

でもなかなか難しいし、実際、そんなにわかるもんではないね。

好き嫌いもあるしさ。

でも、本物にふれることは大切だと思う。芸術でも人間でも……。


タイトルは失念したけど、小林秀雄と評論家の亀井勝一郎《かめいかついちろう》がバスに乗って、伊豆を散策しているときの話。たしか、亀井勝一郎だったと思うんだけど、まぁ、いいや。

そのバスに、地元の女子高生が乗ってきた。

彼女の顔を見た瞬間、小林は亀井に「これから彼女が歩む人生が見える」って伝えるんだ。

すると、亀井が「俺も見える」と応《こた》えた。
顔を見た瞬間、その人がわかる、もしくは、解《わか》ったような気になる。
手相というのもあるし、人相というのもある。
もっと簡単にたとえれば、電話でもそうだろう。
相手が目に見えなくとも、なんとなく、わかる。
どんな思いで話をしているかって。
だいたい、人は声を聞けば、ね。

そういうことって、考えてみればフツウにやっていることだろう。
ほら、第一印象や先入観とか、この言葉は特別なものではないよね。
第一印象がよかったとか、先入観を持って彼を見たとかってね。

それと同じことなんだ、小林や亀井が見たものは。
ただ、その瞬間に、得るもの、気づくものを正しく受け止め、判断する力があるんだ。
それはおそらく、人生の波にもまれ、苦しみ、あがいた結果、身についたものだろう。

そして、それと同時に、彼らが本物を知っていたからだろう。

最初に言ったね。本物の芸術と本物の人間にふれることが大切だって。お拝（礼拝《らいはい》）をして教えを請える人に会えれば、そういう師と呼べる人に会えれば、幸せだよ。

だからこそ、つねに審美眼を磨《みが》き、感度をよくしていなければならない。

坐禅の修行に独参《どくさん》といって、師の室内に独りで参じるものがある。坐禅中に、師が鈴を鳴らす。これは見解《けんげ》、すなわちお前の考えを持ってこいという合図だ。

すると、修行者は一目散に走って、師の室《しつ》の前に並ぶ。

そして、師の合図の「チリンチリン」が聞こえるや、鐘をふたつ打つ。「カーンカーン」ってね。

ほんとうはその「カーン」の鐘の音ひとつで、勝負あり、なんだ。

「カーン」に全部が現れている、足音に全部現れている、呼吸ひとつに、お拝の姿に……。

だから、もう一度坐りなおしてこい、と「チリンチリン」って、鈴が鳴る。
さて、最初の「一」の話だけど、やっぱりわかるんだよね。見る人が見れば、わかる。
「書は心だ。上手《うま》い、下手《へた》ではないんです」という意見もある。
けれど、考えてごらん。
いくら真心があっても、それを上手に表現できなければ、もったいないよね。
字の話から進めてきたけど、じゃあ、お前の字はどないやねん、と言われると……。
己の字を己のなかから生み出す思想と努力を忘れてはいけないよね。

私たちの根っこ

禅とは、いったい、どういうものでしょうか？
私は、禅とは、一言でいえば、根っこではないかと思います。
根っこが自分にあることを信じ、根っこのありかに気づき、そして、その根っことしっかりつながった歩みをするのが、禅だと思うのです。

私が私である根拠。私を私としてなさしめているものは、何か?

根本の根本にあるもの。

そんな私たちの根っこ、それは、強く、大きく、そして、絶対のものでなければならないはずです。

なぜなら、せっかく人として生まれてきて、人生を安っぽいものに騙《だま》されたり、侵《おか》されたりしてはもったいないない。

何があっても動じないもの、そして、何物にも奪《うば》われないもの、決して、なくならないもの。

それこそが、私たちの根っこであるはずです。

では、その大切な根っこは、どこにあるのでしょうか?

坐禅をするときに大切なことは、身体を真《ま》っ直《す》ぐにすることです。

後ろ頭で天を衝《つ》くような気持ちで、身体を真っ直ぐにして坐ります。

姿勢が調《ととの》えば、自《おの》ずから呼吸が調い、それに応じて、心も調ってきます。

坐禅をすると、煩悩《ぼんのう》や妄想《もうそう》が取り払われて、無になるとか、また、無にならなければと誤解している方がいるかもしれません。

しかし、実際に坐れば、かえって、いろいろな考えや思いが浮かんでくることに驚くでしょう。また、足腰のしびれや痛みに悩まされるかもしれません。

坐禅をはじめたころ、私はとても太っておりました。また、身体が硬かったものですから、片方の足をもう片方のももの上にのせる半跏趺坐《はんかふざ》さえもままになりませんでした。一炷《ちゅう》の間に、何度も足を組み換えておりました。

足が痛い、腰が痛い、と嘆《なげ》きながら、それでも必死に坐っておりました。半跏趺坐ができるようになったのは、坐禅をはじめて二年後。そして、その一年後に、両足をきちんと組む結跏趺坐《けっかふざ》で坐れるようになりました。

頭の中を駆けめぐるさまざまな思いや、足腰の痛み。

ときには、突然、畳の目ひとつひとつに、観音《かんのん》さまのお姿が浮かび上がるかもしれません。

またときには、線香の焼け落ちる灰の音が、「ドスン」と、腹に響くような大きな音に聞こえるかもしれません。


しかし、ここで最も大事なことは、浮かんできたそのことを追いかけない。

何が起きても、相手にせず、邪魔《じゃま》にせず。

また、何も起きなくても、相手にせず、邪魔にせず。


そうすれば、坐禅をするなかで、自分の頭でつくり出した対立の世界が、決してすべてではないのだ、と必ず気づくはずです。

その気づきが、私たちの根っこへとつながる扉となるでしょう。


曹洞宗《そうとうしゅう》の禅僧に、内山興正《うちやまこうしょう》老師という方がおられます。

明治四十五年（一九一二年）に生まれ、平成十年（一九九八年）に遷化《せんげ》、つまり亡くなられました。

坐禅一筋に生きられ、また、多くのご著書があります。

その内山老師が、「光明蔵三昧《こうみょうぞうざんまい》」という詩を遺《のこ》されています。

貧しくても　貧しからず
病んでも　病まず
死んでも　死なず
すべて二つに分かれる以前の実物の
絶対一元光明のなかに生き
絶対一元光明のなかに深まりゆく
この光明蔵三昧の生活
ここには　無限の奥がある
諸悪莫作《しょあくまくさ》　衆善奉行《しゅぜんぶぎょう》
自浄其《じじょうご》意《い》　是諸仏教《ぜしょぶっきょう》

よいとわるいは　あたまのはなし
ふたつをこえた　いのちにいきて
いのちのふかさに　ただむかう
ぼけず　いからず　むさぼらず
おびえず　うれえず

おんいのちのみ

二つに分かれる以前の実物。

この二つとは、生と死、良い悪い、勝った負けた、損した得した、好きだ嫌いだという相対の世界、つまり、比べる、比較する、対立の世界です。

ふだん、私たちは、自分の頭の中でつくり出した、この対立の世界に悩み苦しんでいるのではないでしょうか？

そして、私たちは、自分の頭で考えた対立の世界こそがすべてである、と思っているのではないでしょうか？


二つに分かれる以前、つまり、ひとつ。

そのひとつの世界にこそ、私たちの根っこがある。

そして、その根っこには、無限の奥行きがある。

坐禅をすることによって、私たちは二つに分かれる前の根っこに気づくことができるのです。

道元禅師さまのご著書に、とても勇気づけられる言葉があります。

仏祖《ぶっそ》の往昔《おうしゃく》は我等《われら》なり、我等が当来《とうらい》は仏祖ならん

仏祖とは、お釈迦さま、そして、その教えを命がけとなって信じ守り伝えてきた禅僧のことであります。

往昔は「おうしゃく」と読みましたが、おうせき、つまり、昔のことです。

当来は、来るべき未来のことです。

一本の道。

いま、私たちは、お釈迦さまと同じ一本の道を歩んでいるのだ。

かつては、お釈迦さまもこの私たちと同じように、自分の根っこを見失った日送りをしていた。

それゆえに、苦しみに引きずられたり、悲しみに迷わされたりもしていた。

ああもう駄目《だめ》だと泣いたことも、どうすればよいかと悩んだこともあっただろう。

しかし、お釈迦さまは自分に根っこがあることを信じ、根っこに気づき、そして、根っ

ことしっかりつながった歩みを進められた。

私たちも、まず、根っこが自分にあると信じることからはじめてみよう。

そこに自ずと、お釈迦さまと同じものの見方ができてくる。

その歩みのなかで、安心《あんじん》、すなわち、心のやすらぎを得、そして必ず、生きる勇気を持ちつづけることができるのだ。


仏祖の往昔は我等なり、我等が当来は仏祖ならん

お釈迦さまと同じ歩みをする、この根っこにしっかりつながった歩みをする。

道元禅師さまは、この道を信じて歩けと、私たちを励ましてくれております。

共に、悠々と、堂々と、坐りましょう。

おいしいね

先日、レストランで、こんな光景を目にしました。

隣のテーブルで、親子四人が食事をしていました。

両親と小学校低学年と思われる女の子と、中学生くらいの男の子でした。

女の子が、突然、大きな声で言いました。

「ママ、このお店のお料理、すごくおいしいね」

すると、その子のお母さんが言いました。

「あたりまえでしょ、ここは高いお店なのよ」

母親の答えを漏《も》れ聞いた私は、思わず噴き出しそうになるのをこらえて、隣のテーブルを見ました。

そこには、楽しそうに食事をする家族の姿はなく、女の子のとてもつまらなそうな表情と、押し黙《だま》った食卓でした。

お釈迦さまは「人間は、口の中に斧《おの》が生えている」とお示しになりました。

なぜでしょうか。

それは、人の口から発する言葉というものは、斧のように、扱い方を間違えればとても危険な道具になってしまうからです。心のあり方次第では、投げかけた言葉が相手を切りつけ、ひるがえって、自分自身までも切ってしまいます。

斧とは、「わが身が可愛いと思う心」に執着《しゅうちゃく》することだと言い換えてもよいでしょう。「わが身が可愛いと思う心」があるからこそ、他の人もそれぞれが大切な存在であることがわかるはずです。

しかし、「わが身が可愛いと思う心」に執着すれば、他人の悪口を言ったり、嘘《うそ》をついたりしてしまいます。また、「わが身が可愛いと思う心」に執着するゆえに、たとえわが子であっても、その子が求める心に気づけないのです。

そのとき、言葉は斧になり、相手を傷つけ、ひいては、可愛いと思う自分自身までも切りつけることになってしまうでしょう。

それ以上に、その斧は、相手との絆《きずな》をも切ってしまいます。結果、家族との絆、社会との絆、先祖との絆を忘れ、自分ひとりだけの孤立した世界になってしまいます。

そこは、争いの世界であり、対立の世界です。そこには、心の安らぎはありません。


絆を深める言葉のことを「愛語《あいご》」といいます。

愛語とは、慈愛の心が言葉になることです。

愛語が相手の心に響くと、豊かで温かな時を共有することができます。そこには、私たちが願う、ほんとうの安心《あんじん》の世界が現れてまいります。


あなたも、慈愛ある言葉にふれたとき、心が躍《おど》るような深い感動や涙がこぼれるような体験がきっとあるはずです。

愛語に響けるのは、慈愛の心を持っているからであります。

誰もが、口の中に斧を持つのと同じように、慈愛の心を持っているのです。


私たちは、斧で絆を断ち切るのではなく、愛語で絆を深めていきたいものです。

「ママ、このお店のお料理、おいしいね」というわが子の言葉に、「おいしいね」と、目を見つめながら、ゆっくりと答えてあげたいものです。

終　章　ひとつながりの世界

命の日

祥月《しょうつき》とは、亡くなった月のこと。
命日とは、亡くなった日のこと。
祥月命日は、年に一度の大切な日。

亡くなった日を、西洋では、死亡日や追憶《ついおく》の日という。

しかし、仏教では、命日という。
その人の命の日として受け止める。
その日まで頑張って生きてきたのだ、と受け止める。

友亡きを　友として飲む　酒やよし

両想いの供養《くよう》

曹洞宗《そうとうしゅう》大本山總持寺《そうじじ》にある石原裕次郎《いしはらゆうじろう》さんのお墓のそばに、奥さまが書かれた詩の石碑《せきひ》があります。

美しきものにほほえみを
淋《さび》しきものに優しさを
たくましきものにさらに力を
すべての友に思い出を
愛するものに永遠を
心の夢醒《さ》めることなく

石原まき子

私はこれを読んで、なるほど、と思いました。まき子さんは、供養《くよう》の姿を理解されていると感じたのです。

それは、お墓参りに来られた方々が手を合わせたとき、「裕次郎さん、いまあなたに手を合わせている人に、どうぞ、あなたも手を合わせてくださいね」

という想いを、まき子さんはこの詩に託されたのだと思ったからです。

この詩に「共に祈る」という言葉を補ってみてください。

美しきものがほほえみにあふれるよう
共に祈ってくださいね
淋しきものが優しさに気づくよう
共に祈ってくださいね
たくましきものにさらに力がつくよう
共に祈ってくださいね
すべての友が思い出に恵まれるよう
共に祈ってくださいね

愛するものが永遠を信じられるよう
共に祈ってくださいね

私たちは供養するとき、ともすれば一方通行の供養をしていないでしょうか。

いわば片思いの供養にしていないでしょうか。

片思いは苦しいものです。

でも、供養というものは、苦しいものではないはずです。

だからこそ、片思いの供養ではなく、両想いの供養をしていただきたいのです。

お供えをし、手を合わせているとき、実は故人になられた方も私たちに対して手を合わせているのです。


私たちが手を合わせ、亡くなられた方のご冥福《めいふく》を願っているとき、その方も私たちに手を合わせ、私たちの安寧《あんねい》を祈っているのです。

「どうだ、元気か。間違ったこと、邪《よこしま》なことはしてないか」と、手を合わせ問いかけている。

「どうぞ、まっすぐに生きてくれよ」と、願っている。

そんな両想いの供養をつづけることによって、必ず、豊かで潤《うるお》いのある時が現れてくるでしょう。

先日、大本山總持寺で、お墓の開眼《かいげん》供養と納骨をいたしました。そのお墓の正面には、こんな言葉が彫ってありました。

くじけそうになったら　いいことだけ思いだせ

花立ての横には、石でできたアンパンマンとばいきんまんがいました。

見慣れぬお墓にとまどう私に、施主《せしゅ》の方は、「この言葉は、『アンパンマンたいそう』の歌詞にあります」と切り出し、そして、絞《しぼ》り出すような声で、「三歳の娘が亡くなりました。娘はアンパンマンが大好きだったので……」と語りはじめました。

聞けば、お嬢さんを亡くされ、納骨するまでに三年かかった、と。

墓地を求め、お墓のデザインを考えたとき、どうしてもこの言葉を彫りたかった。

娘の大好きなアンパンマンのＤＶＤを夫婦で見ていると、そこに娘がいるような気がして、何度も何度もくり返して見た。

そして、この歌詞「くじけそうになったら　いいことだけ思いだせ」を聞くたびに、心励まされたのだとおっしゃいました。

納骨後、施主の方から尋ねられました。

「娘は三歳で亡くなりましたが、彼女にはこの世に生まれてきた意味があるのでしょうか」

お嬢さんを亡くし、ご両親は身を切られるような痛みを抱えて三年の月日を過ごしてこられたことでしょう。

私も大切な人を亡くし、自分を見失い迷った時期があります。そんな私に語る資格はないのかもしれませんが、あえて、あえて、申し上げました。

「もしかしたら、片思いの供養をしていませんか？

あなたがたが、お嬢さんに向けて手を合わせ、ご冥福を祈っているとき、お嬢さんもあなたがたに向かって『パパ、ママありがとう。がんばってね』と、その小さな手を合わせているのですよ。

お嬢さんがあなたがたの娘に生まれてきて、ほんとうによかったでしょう。三年という年月だったけれども、何物にも代えがたい宝物のような時間を彼女は与えてくれたでしょう。

お墓に刻んだこの言葉だって、彼女が一生をかけて教えてくれた言葉でしょう。どうか、そんな視点を持って、生まれた意味を彼女と一緒に探してください。生きる意味に気づきえなかった子どもに、その意味を伝えるのは、親をおいてほかありません。とてもつらいことですが、亡き子と共に成長していくのが親の務めといえるのではないでしょうか。

そのためにも、一方通行の片思いではなく、両想いの供養をしてくださいね」

亡き人に　迷うなと拝まれている　この私　　本多《ほんだ》恵《さとし》

（『いのちのことば』真宗大谷派難波別院刊）

悲しみを生きる力に

どんなに悲しくとも、身体は勝手に呼吸を止めはしない。

どんなに苦しくとも、朝になれば、また、日が昇る。

世界中のお花やお線香を買い占め供《そな》えても、多くの僧侶《そうりょ》を呼んで法要をしても、亡くなった人は、決して生き返ることはありません。

お盆そのものの意味を失いかけてきたいまの社会こそ、「亡き人に手を合わせずにはいられない心」を、育てなければならないと思うのです。


「もうすぐ一年になるのよね。やっと初盆。

正直な話、あの人が亡くなったと思えない。そんな気持ちになるときがあるの。

目が覚めたら、隣で寝てるかもしれない。いつもの場所で新聞を読んでいるかもしれない、携帯に電話すれば出てくれるかもしれないって」


二十歳を過ぎたころに、東京で出会った二人だった。ともに福井の出身で、お金も縁故もなかったけれど、それゆえに一生懸命働いた。

夫は、お酒も煙草も呑《の》まなかった。趣味は、小説を書くこと。明るく、いつも笑顔だった。だから、楽しかった。

子どもを授かったのを機に籍《せき》を入れ、あっという間の三十七年間。還暦《かんれき》を迎えたら、新婚旅行をしようと約束していた。

「最期はね、ありがとう、ありがとうって、手を握ってくれたの。でもね、法慧《ほうえ》さん。夫は娘のところにも、もう三度も、夢に現れたっていうのよ。けど、私のところには、一度も来ないのよ。不実よねぇ。でも、今日からお盆だから……」

キュウリの馬、ナスの牛。

馬に乗って一刻も早く家に帰り、たくさんのお土産を牛の背に積み、ゆっくりと戻って行くようにと手を合わす。

盆提灯《ぼんぢょうちん》を飾り、盆棚をしつらえて、亡き人を迎える。

あの世があるのだろうか。

死んだら霊《れい》になるのか。

祖霊《それい》信仰。習俗……。とまれ、そんな野暮《やぼ》をいうのはよそうじゃないか。

そうせずにはいられなかった人間の悲しさに、手を合わせよう。

そうせずにはいられなかった人間の祈りに、希望を持とう。

供養の養とは、記憶を養うことだと受け止めよう。

つまり、故人を忘れないこと。悲しみを生きる力に転ずることこそが、何よりの供養なのだから。

お盆の季節には、どうか、お子さんとお墓参りやお寺参りをしていただきたいのです。

そして共に、あたたかな「いのち」のつながりを感じ、「手を合わせずにはいられない心」を育てる契機にしていただきたいと願っております。

みかんの花咲く島

そのお寺は、瀬戸内海の小さな島にあるという。

「義父の十七回忌《き》を最後に、菩提寺《ぼだいじ》から離れて、近くの霊園にお墓を移そうと考えていました。

そのお墓には、主人の父と母、祖父や祖母、代々のご先祖さまが納めてあります。

でも、私も主人も東京で育ちましたし、その村には、もう父の親戚もいないんです。

息子二人も、東京と川崎で家庭を持っているし。

なにしろ、遠くて。

東京から広島まで新幹線、そこから尾道《おのみち》まで行って、船に乗って……、とても、日帰りは無理。

そのお寺の和尚《おしょう》さんは、とても気さくな優しいおじいちゃん。

『ここまでのお参りも大変ですね。お近くに移されてもいいですよ』って、言ってくれて。

正月に、主人や息子たちとも話し合ったんです。

そして、今回の法事を機にお墓を移すことをお願いするつもりでした。

でも……。
五月、お寺に向かう船で、はじめて気づいたんです、
みかんの花の香りに。
その島に近付くにつれて、とてもいい香りがして、白い花が輝いて見えました。
そして、たくさんの蝶《ちょう》が舞っていて、とてもきれいだった。

ああ、こんなに素晴らしいところはないな、って。
一緒に乗っていた主人や息子の家族に伝えました。
みんな、感動してしまったの。

お墓を移す話は、しませんでした。

私ね、いま、あのお墓に入りたいなって、思っているの。
だから、ずっとこのまま、この人といっしょにいたいなってね。
だって、離婚しちゃったらあのお墓に入れなくなるでしょう……。

私たちが、あのお寺のお墓に入ることになれば、子どもたちも大変かもしれない。
なかなかお参りには来れないだろうし、経済的にも時間的にもね。

でも、法事じゃなくても、時間があいたときとか、人生につまずいたときや疲れたときに、私たちに会いに来てくれたら、あの島に来てくれたら……。

きっと、力をもらって、もう一度、頑張れる勇気を持てると思うの。
そうね、五月がいいわね。
みかんの花が咲くころが……」

門前に住んだからとて、信心深くなるものではない。
お寺に生まれついたからとて、仏縁が育つものでもない。
葬儀《そうぎ》や供養の業界で働いても、目に見えるものしか信じない者もいる。

いつも、近くや便利なところばかりに答えがあるのではない。

僧侶になるということ

道如上座《どうにょじょうざ》という方を、ご存じでしょうか。
この方は、道元禅師《どうげんぜんじ》さまが宋《そう》の天童山景徳寺《てんどうさんけいとくじ》で修行をされていたころ、書記という役をされていた方です。

道如上座は、父親が大臣であるほどの名家の生まれですが、彼はまったく親族と付き合うことはなく、そして、名利《みょうり》利養《りよう》の念、つまりお金や名誉がほしいという欲もなく、そのため着ているものはみすぼらしく目もあてられないほどでした。

あるとき、道元禅師さまは、

「なぜ、あなたは名家の出なのに、そのような格好をしておられるのですか?」

と、道如上座に尋ねられました。

すると、道如上座はこう答えられました。

「僧となればなり」

「僧となればなり」――つまり、自分は出家したからだ、ということです。

道元禅師さまは道如上座の覚悟にたいへん感激されました。

そしてのちに、このように仏道における徳の深さゆえに、天童山の書記を務められたのであろう、とおっしゃっています。

私がまだ大本山永平寺《えいへいじ》で修行をしていたある日、母より速達が届きました。

一月六日に祖母が亡くなったと書いてありました。

私は、いわゆる「おばあちゃん子」でしたから、祖母の私に対する情愛は深く、祖母は最期まで私のことを心配してくれていたそうです。

しかし、「もし自分に何かあったとしても、修行を終えて自分から戻ってくるまでは呼ばないでいてほしい、あの子は出家したのだから」と、生前語っていたというのです。ですから、私には祖母が倒れたことも知らせず、葬式が終わるまで連絡しなかったと手紙にありました。

読み終えて、申し訳なさで悔《くや》し涙が出ました。

祖母が私に会いたい気持ちを抑えて、私を呼ばないでくれと言った心を思えば思うほど、「僧となればなり」の自覚、責任、覚悟を祖母から親切に教えられたように思いました。

ほんとうの出家になりなさい、と励まされているようでした。

私は在家《ざいけ》からの出家です。

大学を卒業した私は、恥ずかしながら就職をせず、湛玄《たんげん》老師の元で修行をする道を選びました。親不孝の愚《おろ》か者であります。

修行といっても、僧侶になったのではありません。一人の参禅者として、仏国寺《ぶっこくじ》においていただきました。

半年が過ぎたころ、湛玄老師のように生きたいという思いから、「出家して僧侶になりたい」と申し出ました。すると、「まだ、早い」と一喝《いっかつ》されました。

その後も何度か、出家の思いを伝えました。しかし答えはいつも、「まだ機が熟してない」でした。

四年が過ぎた二月、攝心《せっしん》の最終日の朝、独参《どくさん》で老師から「昨夜、信仰しているお地蔵さまの夢を見ました。あなたを弟子にしなさいと言われました」と、お言葉をいただきました。

一九九八年二月八日、湛玄老師について頭を剃《そ》りました。「身の出家ではなく、心の出家をしなさい」と諭《さと》されました。

それまでは、穣《ゆたか》という名前でしたが、湛玄老師から大童法慧《だいどうほうえ》という名前を頂戴《ちょうだい》しました。

「ほんとうは道元禅師さまの師、天童如浄《てんどうにょじょう》さまを慕《した》って、天童法慧と思ったけれど、やはりおまえさんは一本足りない。大きな童子のようだから……。天童ではなく、大童。これからの歩みで、大を天にしていきなさい」

仏国寺に参禅をはじめて、永平寺での修行を終えるまでのおよそ十年は、一度も実家に帰ることはありませんでした。

曹洞宗僧侶は、得度《とくど》をするときに

流転三界中《るてんさんがいちゅう》　恩愛不能断《おんないふのうだん》
棄恩入無為《きおんにゅうむい》　真実報恩者《しんじつほうおんしゃ》

とお唱えします。

この世の中、なかなか恩愛の情は断ちがたいけれど、しかし、そこを潔《いさぎよ》く棄《す》てて、本来の「いのち」のありように報《むく》いられる者となりますと誓って、お師匠さまに髪を剃っていただきます。

いわばそこが、僧侶の出発点です。

棄恩、恩を棄てるというのは、何も無茶苦茶に投げ棄てるということではなく、小さい自分だけの居場所にとどまらずに、より大きないのちに気づき、高めることです。

道元禅師さまは、出家の父母に対する報恩について、『正法眼蔵随聞記《しょうぼうげんぞうずいもんき》』に、「恩を一人に限らず、一切衆生《いっさいしゅじょう》斉《ひと》しく父母の恩の如《ごと》く深しと思うて、作《な》す所の善根《ぜんこん》を法界《ほっかい》にめぐらす」とお示しになっています。

つまり、出家は生きとし生けるものすべてを、わが父母と思える心を持ちなさい、その心を持てるようになることが、とりもなおさず、あなたの父母への何よりの報恩となる、とお教えになっています。

道元禅師さまの問いに、「僧となればなり」とお答えになった道如上座の胸のうちは、実は、ここにあったのではないでしょうか。

祖母が亡くなった知らせを受けましたが、結局、家には戻りませんでした。

祖母の私へのほんとうの願いを思うと、せめて生きとし生けるものすべてを、わが父母と思える境涯《きょうがい》になるまでは、もし帰っても喜んではくれないでしょう。

「僧となればなり」の自覚ある日々が、私の祖母への報恩であり、孝順であり、誠であり、真の供養であると思うのです。

いかにせば誠の道にかなわめと
　ひとえに思え　ねてもさめても

良寛《りょうかん》さんの歌を、送られてきた祖母の戒名《かいみょう》の脇に書き込みました。

いかにせば誠の道にかなわめと
　ひとえに思え　ねてもさめても

涙は希望

二〇一一年三月十一日、金曜日、十四時四十六分。
震災の報道を見るたびに、胸が張り裂《さ》けそうになります。

もしかしたら……、あなたや家族や友人、大切な方が罹災《りさい》したかもしれません。またこれによって、大切な方が命を落とされたかもしれません。

切に切に、あなたとご縁の深い方々のご安寧と、あなた自身の安心《あんじん》を願っております。

良寛さんは、文政《ぶんせい》十一年（一八二八年）の三条大地震で子どもを失った知人、山田杜皐《やまだとこう》という方に、こんな手紙を送りました。

しかし災難に逢《あ》う時節には災難に逢うがよく候《そうろう》
死ぬる時節には死がよく候

是はこれ災難をのがるる妙法《みょうほう》にて候

よく知られた言葉です。けれども、この前には、こんな句が添えられていることをご存じでしょうか。

うちつけに　死なば死なずて　ながらえて
かかるうきめを　見るがわびしさ

そのよく知られた言葉は……覚《さと》り澄ました者の言葉ではなく、「こんな目に遭《あ》うならば、死んでしまえばよかった」と呻《うめ》きもだえながらの叫びだったのです。

わが親、わが友、わが子、大切な人を亡くした方々すべてに、災難をのがるる妙法を大声で説きつづけるほど、良寛さんは野暮ではなかった。

良寛さんは、ひたすらに手を合わせ願うのです。

だからこそ、「しかし」と一呼吸おいて、その言葉を伝えました。

しかし災難に逢う時節には災難に逢うがよく候
死ぬる時節には死がよく候
是はこれ災難をのがるる妙法にて候

いつかきっと、この妙法があなたの生きる救いとなることを。


良寛さんのいう災難とは、もちろん今回のような地震、津波、放射能、冷たい世間の風のことだけではないでしょう。

ある日、巻き込まれた事件、出会いがしらの事故、思いもよらなかった病、告げられたリストラ、突然の倒産……そう、誰にでも、容赦《ようしゃ》なく起こりうることです。

だからこそ、私たちは、災難をのがるる妙法を心得ておかなければならない。

その妙法は、私たちに失くしたものを数える姿勢だけではなく、奪われなかったものに気づく視点と、もたらされたものを選り好みせずに受け止める勇気を教えてくれます。

今回の大震災を、ある方は「この災難は試練だ」と述べました。試練でしょうか。いえ、私は思います。これは試練なんかではない、と。試練のために、こんなに多くの人を殺されてたまるものか。

今回の被災者を、ある方は「代受苦《だいじゅく》の菩薩《ぼさつ》、すなわち、苦しみを代わりに受けてくださる菩薩だ」と手を合わせました。

私は思うのです、代受苦の菩薩というのは、広く衆生《しゅじょう》を救済しようという誓願《せいがん》を自覚した者のことだ、と。

可愛い子どもたちに、こんな形で命を終わらせ、こんな苦しみを、私たちの代わりに受け止めさせていいものか。

しかし災難に逢う時節には災難に逢うがよく候
死ぬる時節には死がよく候
是はこれ災難をのがるる妙法にて候

災難をのがるる妙法を心得て、震災を受け止める智慧。

そうすれば、慈悲は押しつけるものではないと気づき、前を向くスピードを求めてはならないと肯《うなず》くことができるでしょう。

私たち人間には、もらわない優しさ、受け取らない矜持《きょうじ》……そんな自負もあると解《わか》るはずです。


『涅槃経《ねはんぎょう》』にこんなお話があります。

ある日、お釈迦さまは弟子に「いままで人々が流した涙と、大海の水とどちらが多いだろうか」と問いかけました。

その弟子は答えました。「涙だと思います」

お釈迦さまは、静かにうなずかれました。


ご縁に導かれて僧侶の道を歩みながらも、私はいまもなお、あがきもがいて、涙を流しつづけています。

でも、思うのです。

この涙こそが、ひとつながりのいのちの証《あかし》であり、私たちの祈りであり、私たちの希望であるのだ、と。

「僕の顔を食べなよ」——あとがきに代えて

「僕の顔を食べなよ」と、君は言う。
ためらう私に、「甘くておいしいから」と、にっこり笑う。
でも、君の顔を食べてしまうと、君のパワーがなくなってしまう。
新しい顔は君自身がつくるのではなく、ジャムおじさんが焼かなければならない。

世人《せじん》は財帛《ざいはく》を以《もっ》て宝となし
君子は文言《もんごん》を以て宝となし
至人《しじん》は道徳を以て宝となす
『禅林宝訓筆説《ぜんりんほうくんひっせつ》』

多くの人はお金や目に映るものを宝物と呼ぶし、また、座右の銘《めい》や杖となる言葉を生きる指針としている。けれども君は、道徳をもって宝としている。道徳とは生き方のことだ。「いま、ここ」の心のありようのことだ。

ある日、ジャムおじさんが倒れて、アンパンを焼いてくれる人がいなくなったとしたら……。それでも、「僕の顔を食べなよ」と、君は言うだろう。

大本山總持寺参禅寮《そうじじさんぜんりょう》では、毎月、總持寺保育園と三松《さんしょう》幼稚園の年長組の子どもたちと坐禅《ざぜん》をいたします。坐禅をした後、子どもたちに絵本の読み聞かせをしたり、『論語』を使って早口言葉遊びをしたりします。

子どもたちにとって、じっとしているのは大変なことです。ですので、私は子どもたちが坐禅をするときも、話を聞くときも、大切にしてほしいことを一つだけ伝えています。それは、身体を真《ま》っ直《す》ぐにすること。

身体を真っ直ぐにして坐《すわ》り、立ち、歩き、食事をする。楽しいときやうれしいときはもちろん、苦しいときも悲しいときも、身体を真っ直ぐにしようとする気持ちを忘れない。つまり、身体を真っ直ぐにして生きていこうね、と。

ある日、『あんぱんまん』の絵本の読み聞かせをしました。もちろん、身体を真っ直ぐにして、目を閉じて聞いてもらいます。

この本は、一九七九年の発行です。初期の絵本では名前はひらがな書きで、現在のアニメのものとは少し異なる顔をしています。あとがきで、やなせたかしさんが書いています。

あんぱんまんは、やせこげだらけのボロボロの、こげ茶色のマントを着て、ひっそりと、はずかしそうに登場します。自分を食べさせることによって、飢える人を救います。それでも顔は、気楽そうに笑っているのです。

挿絵のあんぱんまんは、継《つ》ぎのあてられたボロボロのマントを着ています。

旅人と少年に顔をすべて食べさせ、顔のない状態で空を飛ぶ彼。

そしてまた……、困った人のところに飛び立とうとする笑顔の彼。

でもきっと、子どもたちの頭にはアニメのやや太ったアンパンマンの姿が思い浮かんでいたのでしょう。

読み終えた後、何を思ったのか、ひとりの子が私を見ながら「老師はアンパンマンみたい」と叫びました。それを聞いた子どもたちも大きな声で「アンパンマン老師だ」とはやしたてました。

「アンパンマンは、すごいよね」と言う私に、素直にうなずく子どもたち。

「みんなもきっと、アンパンマンのように、強くて優しい人になれるよ。身体を真っ直ぐにすれば『いま、ここ』の心を大きく育てることができるから」

♪アンパンマンは君さ　元気をだして
アンパンマンは君さ　力のかぎり
『アンパンマンたいそう』

そう、誰でもアンパンマンになれる。

著者略歴
一九六九年、山口県周南市（徳山）に生まれる。曹洞宗大本山總持寺参禅講師兼布教師。
二十歳の頃、大切な人を亡くした絶望から「生きる意味」を求め、福井県仏国寺の原田湛玄老師のもとへ通い、参禅をつづける。駒澤大学仏教学部禅学科を卒業後、二十七歳で出家得度。大本山永平寺にて安居修行。
「仏のものの見方」を広めるべく、さまざまな活動を展開している。總持寺の坐禅会「禅の一夜」は多くの参禅者を集めている。

運《うん》を活《い》きる
——「一息《ひといき》の禅《ぜん》」が心《こころ》を調《ととの》える

二〇一二年五月一一日　第一刷発行
二〇一二年一二月二五日　第三刷発行

著者　大童法慧《だいどうほうえ》

発行者　古屋信吾
発行所　株式会社さくら舎　http://www.sakurasha.com
東京都千代田区富士見一-二-一一　〒一〇二-〇〇七一
電話　営業　〇三-五二一一-六五三三　FAX　〇三-五二一一-六四八一
編集　〇三-五二一一-六四八〇
振替　〇〇一九〇-八-四〇二〇六〇

装丁　石間　淳
カバー写真　稲村不二雄
印刷　慶昌堂印刷株式会社
製本　大口製本印刷株式会社

ISBN978-4-906732-09-8